Liebe Leserinnen und Leser!

Lieber Thomas!

Als ich mit dem Bloggen und dem Schreiben meiner Bücher begonnen habe, war ich der fixen Meinung alles selbst machen zu müssen. Angefangen von der Erstellung der Webseite, über das Erstellen von Grafiken, bis hin zu Dingen wie Cover-Erstellung, Lektorat und vieles mehr.

Wie man sich vorstellen kann, war das nicht besonders schlau, denn es kostete mir nicht nur viel Zeit und Nerven, auch die Qualität litt natürlich darunter. In vielen Dingen war ich nicht gut und in noch mehr Dingen einfach nur schlecht. Outsourcing war für mich damals kein Thema, denn das kostet ja Geld.

Dieser Glaubenssatz begleitete mich so lange in meiner Tätigkeit, bis mir alles zu viel wurde. So blieb mir gar nichts anderes übrig als Dinge abzugeben. Erst mit diesem Schritt begriff ich, dass mir Outsourcing gar kein Geld kostet, ganz im Gegenteil es sparte mir Geld, Zeit und jede Menge Nerven. Endlich konnte ich mich auf jene Dinge konzentrieren in denen ich gut war und die ich gerne machte. Und so macht ja Arbeiten bekanntlich richtig Spaß!

Etwa zur gleichen Zeit lerne ich Thomas Schamberger, oder wie ich ihn nenne „Mr. Outsourcing", kennen. Durch seine Tipps und Ratschläge konnte ich recht schnell gute Freelancer finden. Vor allem Fiverr war für mich damals noch völlig neu, ich lernte es aber sehr schnell lieben.

Wer einmal mit dem Thema Outsourcing in Berührung gekommen ist, der wird richtig süchtig danach. Alles was man tun muss ist sich vom Glaubenssatz „Oursourcing kostet Geld" zu trennen und sich mit dem System und den Plattformen einmal vertraut machen.

Thomas zeigt dir in diesem Buch wie Outsourcing richtig funktioniert und worauf du dabei achten muss. Damit ersparst du dir das mühsame einarbeiten in das Thema und kannst gleich richtig starten.

Eines ist für mich klar: Hätte ich früher mit dem Outsourcing begonnen, wäre ich heute wesentlich weiter als ich es im Moment bin. Ich würde sogar sagen, dass das mein größter Fehler in meiner Anfangszeit der Selbstständigkeit war.

Ich hoffe du kannst, auch mit Hilfe von Thomas und dieses Buches diesen Fehler vermeiden.

Lieber Thomas, ich wünsche dir viel Erfolg mit diesem Buch und deinen Lesern viel Spaß mit der neu gewonnen Zeit, die sie sich durch Outsourcing zukünftig freischaufeln werden.

Liebe Grüße aus Wien,

Thomas Mangold

http://selbst-management.biz

Copyright

Table of content:

Was outsourced Du bereits in Deinem Business oder Leben?

Wenn Deine Antwort

Nichts

lautet, lügst Du mich genauso an wie der Großteil meiner Kunden oder Freunde, welchen ich schon dieselbe Frage gestellt habe. Ich bin mir sicher, dass du bereits Dienstleistungen "outsourced", dir das aber gar nicht mehr auffällt. Ob du es glaubst oder nicht, das Konzept des Auslagerns ist nicht wirklich neu. Hunderte Jahre vor unserer Zeit haben Leute schon den Service von anderen Menschen in Anspruch genommen, um ihre Hausarbeiten wie Bügeln, Fenster putzen, Wäsche waschen, kochen und Gartenarbeit erledigen zu lassen.

Wir benutzen Werkstätten, um unsere Autos in "Schuss" zu halten. Die Frauen gehen zum Friseur und lassen sich die Haare scheiden, waschen, färben und föhnen. Wir benutzen medizinische Fachleute (auch bekannt als Doktoren oder Ärzte), welche auf unsere Gesundheit acht geben.

Du siehst also, Outsourcing ist wirklich nichts Neues. Es ist möglich, dass der englische Ausdruck "Outsourcing" der innovativste Teil in den letzten Jahren am Outsourcing ist, aber das Prinzip des Auslagerns von Arbeit gibt es schon seit Hunderten von Jahren.

Was ist Outsourcing?

Kluge Wirtschaftsleute auf der ganzen Welt haben die großen Vorteile, die ein virtuelles Team bringen kann, analysiert. Oft kann ein VA (virtueller Assistent) Team den Unterschied zwischen einem Unternehmen, was sich gerade noch über Wasser hält, oder die

Schaffung des Business Deiner Träume bedeuten. Auch wenn es manchmal schwierig für einen Unternehmer ist, um Hilfe zu bitten, zuzugeben dass man Hilfe benötigt, oder einem sogar geholfen werden muss, begreifen die meisten Unternehmer am Ende, dass ein virtuelles Team von treuen Arbeitern der vernünftigste Weg ist, um mehr Wachstum für Ihr Geschäft zu ermöglichen.

Es kommt die Zeit, wo es dich als erfolgreichen Unternehmenseigentümer nicht interessiert, die Zeit aufbringen zu müssen für jede Kleinigkeit in deinem Geschäft wie die Buchhaltung (wird leider immer als erstes angeführt – ich habe diese Arbeit auch sofort vergeben), Personalbeschaffung und das Marketing. Solche Tätigkeiten sollten meiner Meinung nach – sofern es dir finanziell möglich ist und es sich bei den genannten Themen nicht um deine Kernkompetenzen handelt – ausgelagert werden.

Die meisten virtuellen Angestellten sind Spezialisten in ihren Bereichen, ganz im Gegensatz zu den „Alleskönnern", welche man „normal" anstellen kann. Es gibt wirklich gute Leute, und sollte man solche finden, bin ich auch dafür, diese sofort ans Unternehmen zu binden, aber meistens sind für diese echten „Alleskönner" kleine Firmen unter 10 Personen wirtschaftlich nicht interessant. Wenn du also einen Werbetexter, IT-Experten, Marketing-Spezialisten, virtuellen Assistenten, Buchhalter, Social-Media-Experten, Designer oder sogar einen Fotografen benötigst, findest Du diesen über die später erwähnten Plattformen sehr schnell und günstiger als es ein „Alleskönner" im Angestelltenverhältnis wäre. Outsourcing-Aufgaben können einmalig, regelmäßig und ad-hoc durchgeführt werden und werden erst bezahlt, nachdem die Arbeit erbracht wurde.

Welche Arten von Aufgaben kannst du outsourcen?

Das kommt ganz und gar auf dich und dein Unternehmen an. Um dir eine Vorstellung davon zu geben, welche Aufgaben besser von dir ausgelagert werden sollten/könnten, beginn eine Art Tagebuch zu führen. In diesem Tagebuch notierst du die Arbeiten, welche du jeden Tag, jede Woche und jeden Monat erledigt hast; notiere auch, wie lange du für diese Arbeit benötigt hast. Definiere, ob es eine Einkommen schaffende Aufgabe ist oder nicht. Wenn es klar ist, dass du zu viel Zeit für nicht Einkommen schaffende Tätigkeiten aufwendest oder zwei Stunden damit verbringst, etwas zu optimieren, was ein Experte in 5 Minuten erledigen kann, dann werden diese Aufgaben besser an jemanden vergeben in Zukunft. Um dir eine Vorstellung von der Art der Aufgaben zu geben, die du auslagern kannst, ist hier eine Liste für dich. Außerdem habe ich einige Vorschläge, welche Aufgaben von Experten oder Outsourcing-Anbietern leicht übernommen werden können.

Aufgabe: Verwaltung/Administration
Experte: Virtueller Assistent
Unternehmen erzeugen so viel Papierkram, dass Verwaltungsaufgaben ein großer Teil der Aufgaben eines jeden Unternehmers sind. Allgemeine Verwaltungsaufgaben können sein:

• Schreiben
• Korrekturlesen
• Datenformatierung
• PDF-Erstellung
• Erstellen, Generieren und Beantwortung von Schriftverkehr
• Filterung von E-Mails
• Datenbank-Arbeit
• CRM Updates (Kontaktdaten)
• Tabellenkalkulation
• Powerpoint-Präsentationen

Aufgabe: Reisevorbereitungen
Experte: Reisebüro / Virtueller Assistent
Wenn Reisen ein großer Teil deiner Geschäftstätigkeit sind, dann kannst du entweder ein Reisebüro beauftragen oder einen VA mit der Aufgabe betrauen, sich der Pflege deiner Arrangements anzunehmen. Beide Anbieter können Hotels buchen, deine Ausflüge planen, Touren erstellen und Bestätigungen durchführen, so dass du dich um nichts zu kümmern brauchst.

Aufgabe: E-Marketing
Experte: Virtueller Assistent / Texter
Auch hier ist ein virtueller Assistent eine große Hilfe bei der Unterstützung des technischen Bereichs der E-Marketing-Kampagnen. Wenn du regelmäßig E-Newsletter versendest, kannst du folgende Aufgaben auslagern:

• Aktualisieren der Teilnehmerliste
• Einrichtung von Newsletter-Vorlagen
• Erstellen von E-Marketing-Kampagnen
• Erstellen von Autorespondern
• Deinen Newsletter auf verschiedenen Social Media Plattformen erwähnen

Wenn du bereits Blogger bist, dann könntest du einen Texter engagieren für die Erstellung deiner Artikel und einen VA zum Hochladen und Verlinken der Artikel auf relevanten Plattformen.

Aufgabe: Finanzen
Experte: Buchhalter
Finanzielle Aufzeichnungen können sehr zeitaufwendig sein, somit sollte man diese Aufgabe in deinem Unternehmen auslagern. Du kannst alles dem Buchhalter übergeben oder einen Buchhalter anstellen, um die Pflege deiner Finanzen zu übernehmen. Du kannst sogar die gefürchtete Steuererklärung auslagern. Generell

würde ich diese Tätigkeiten nur an Personen oder Firmen auslagern, welche nachweislich Erfahrungen haben mit dem Steuer- und Finanzwesen in dem Land, in dem Deine Firma registriert ist.

Aufgabe: Telefonanrufe
Experte: Anrufbeantworter / Virtueller Portier
Ein Service-Provider, um deine Anrufe zu beantworten, ist ein großer Nutzen für dich und dein Unternehmen. Sie können deine Anrufe annehmen, Termine buchen oder eintragen in den Google Kalender und Nachrichten weiterleiten an dich. Somit wirst du nicht ständig beim Arbeiten unterbrochen, was extrem wichtig ist, wie du selbst vielleicht auch schon weißt, und du kannst entscheiden, wann und wie du die Gespräche beantwortest.

Aufgabe: Transkribieren
Experte: Transkribierungsservice / Virtueller Assistant
Wenn du regelmäßig Webinare, Podcasts und / oder Videos erstellst und das auch noch Teil Deiner Unternehmensstrategie ist, dann ist es eine gute Idee, einen zuverlässigen Audio-zu-Text (Transkribierservice) Freelancer zu haben. Deine MP3-Dateien oder Videos zu transkribieren bedeutet, dass du deinen Kunden dadurch ein Extra an Mehrwert bieten kannst. Dies ist definitiv eine Tätigkeit, welche einfach auszulagern ist.

Aufgabe: Social Media
Experte : Virtueller Assistent / Social-Media-Experte / Texter
Die Buchung und Planung von deinen sozialen Beiträgen kann ein virtueller Assistent oder Social-Media-Experte übernehmen. Allerdings solltest du dir einen Werbetexter suchen, wenn du willst, dass die Beiträge von einem Experten geschrieben werden. Folgende Social-Media-Aufgaben können ausgelagert werden:

• Einrichtung deinerFacebook-Business-Seite

- Erstellung eines Twitter oder Pinterest Kontos
- Analysieren deiner Social-Media-Seiten (Facebook, Twitter,..)
- Teilen von Beiträgen / Retweeting
- Hochladen von Videos auf YouTube
- Suche nach neuen Verbindungen auf LinkedIn
- Hochladen von Bildern oder „pinnen" auf Pinterest
- Bewerben deiner Facebook-Beiträge
- Beantwortung von Kommentaren

Aufgabe: Website / IT
Experte: Web Designer / IT-Dienstleister

Wenn HTML-Codes ein Rätsel für dich sind? Oder, wenn du nicht die Geduld aufbringst für das Lernen, wie du deine Website optimieren könntest, dann ist das definitiv eine Aufgabe, die an einen Experten ausgelagert werden muss. Probleme mit Laptop, Server, Webspace und Design können durch Outsourcing der IT oder Webservices deinen Stress mindern und Deine Probleme lösen! Web-Designer und IT-Spezialisten können dir so helfen:

- Erstellung, Pflege und Verwaltung der Website und Plugins
- Sicherheit (Hackerangriffe, Spam Kommentare,..)
- Integration von Social-Media-Plattformen und CRM-Software

Aufgabe: Veranstaltungsorganisation
Experte: Eventmanager / Virtueller Assistent

Es gibt so viel Arbeit beim Organisieren einer Veranstaltung, einer Konferenz, einer Schulung oder eines Workshops, so dass oft zu viel Zeit für die die Anordnung der Sitzplätze oder der Jagd nach Teilnehmern verwendet wird, was sich natürlich negativ auf den gesamten Zeitplan auswirkt. Ein organisierter VA kann leicht mit Hilfe einer Checkliste für dich arbeiten oder, wenn es ein Ereignis im größeren Maßstab ist, sollte direkt an eine Eventagentur ausgelagert werden.

Aufgabe: Design
Experte: Grafikdesigner / Illustrator
Nun fragst du dich vielleicht, warum ich das Thema hinzugefügt habe, aber wenn du dein Geschäft inklusive Markenentwicklung richtig hinbekommen willst, müssen Logos, Visitenkarten, Facebook-Bilder, Website, E-Mail-Signaturen, E-Book-Cover etc. auch eine Einheit bilden und alles sollte Dein Unternehmen wiederspigeln. Einen Grafik-Designer zu mieten ist ein guter Weg, um diese Aufgaben auszulagern. Hausgemachtes Design und Branding- Versuche sind meilenweit von einem Profi-Standard entfernt und kosten auch unnötig viel Zeit.

Aufgabe: PR
Experte: PR-Dienstleister
Ohne ein entsprechendes Training werden Deine eignen PR-Versuche nie denen eines Profis entsprechen. Wenn Du also eine Exposition benötigst, ist es eine gute Idee, eine PR-Person anzurufen. Die PR-Profis haben die Kontakte, kennen viele Pressemitteilungsgeheimnisse und das Know-how, um deine Nachricht professionell präsentieren zu können.

Aufgabe: Copywriting
Experte: Texter
Jedes Unternehmen produziert viel Text in diesen Tagen, hier jemanden zu haben, welcher diese Texte aufbereitet, ist eine großartige Idee. Ein Werbetexter sollte dieses Thema auf der Landingpage der Webseite und bei Artikeln für den Blog und für Newsletter umsetzen können. Werbetexter schreiben jeden Tag, und durch das regelmäßige kreative Schreiben trainieren die Werbetexter den kreativen Muskel deutlich öfter als du bei diesem Thema und sie finden somit die richtigen (schlagfertigen) Wörter, welche dich von der Konkurrenz abheben.

Aufgabe: Recherche
Experte: Virtueller Assistent
Eine weitere zeitraubende Aufgabe ist die Recherche und ein
virtueller Assistent ist hier eine fantastische Unterstützung. Egal, ob
du eine akademische Recherche durchführen willst, eine
Marktforschung oder zur Erforschung deiner Konkurrenten, diese
Aufgaben stehlen dir eine Menge Zeit. Lagere die Recherche an
jemanden aus, welcher nicht einfach abgelenkt werden kann.

Aufgabe: Videobearbeitung
Experte: Video Editor / Media Manager
YouTube ist eine hervorragende Plattform, um dein
Unternehmen/deine Produkte/deinen Service der breiten Masse zu
präsentieren. Stellst du regelmäßig Videos auf Youtube, ist ein
zuverlässiger Video-Editor ist ein Muss. Im Gegensatz zu den vielen
der oben angeführten technischen Aufgaben, die ich erwähnt habe,
ist die Videobearbeitung eine relativ einfache Aufgabe für einen
Fachmann, aber für den Unternehmer ist es eine sehr zeitraubende
Tätigkeit.

Aufgabe: SEO
Experte: SEO Experte
Wir leben in einer Welt des Wettbewerbs, auch eine ästhetisch
ansprechende Website wird in der Welt nicht beachtet ohne eine
demensprechende Search Engine Optimization, kurz SEO.
Engagiere einen professionellen Freelancer, der sich deiner
Keyword-Recherche annimmt, deine Webseite analysiert und dich
bei der Auswahl deiner Meta-Tags und Meta-Beschreibung berät.
Es gibt nicht genug Stunden am Tag, um all dies selbst zu tun, also
lass es von einem SEO-Experten ausführen!

Es ist erstaunlich, wie viele unterschiedliche Aufgaben ein
Unternehmen ansammelt und generiert, nicht wahr?

Es gibt so viele Aufgaben, die eine Routine und Teil deines Unternehmens sind, welche ausgelagert werden könnten. Also, indem du deine eigene, maßgeschneiderte virtuelle Armee findest, kann dir diese dabei helfen, deine Zeit und Energie dafür zu verwenden, um dein Unternehmen strategisch auszurichten & weiter zu „pushen" und deinen Profit zu steigern.

Tatsache ist, dass ein virtueller Assistent oder eine virtuelle Assistentin eine Menge dieser oben genannten Aufgaben durchführen kann, und somit nicht mehr nur eine Schreibkraft oder Sekretärin ist in diesen Tagen. VAs sind Geschäftspartner, Unternehmer in eigener Sache und insbesondere sind viele von ihnen Spezialisten in Ihrem Gebiet oder Ihrer Nische.

10 Gründe, warum du outsourcen solltest?

Es gibt viele Gründe, warum es gut ist, outzusourcen. Hier sind nur einige Gründe:

#1: Es ist billiger als Mitarbeiter

Wenn dein Unternehmen ein Niveau erreicht hat, wo du schnell Hilfe benötigst, könntest du jemanden in deinem Unternehmen anstellen. Warum nicht? Schließlich hast du jemanden auf Abruf für x Stunden pro Woche. Du hast noch ein paar helfende Hände, wenn sie gerade in vollem Umfang arbeiten. Du wirst erleichtert sein, dass du endlich diese Aufgaben delegieren kannst, welche du nie durchführen wolltest.

Aber hast du an die versteckten Kosten gedacht? Du musst Rentenbeiträge und Krankengeld zahlen. Dann musst du die Arbeitsbekleidung, den Computer und das Briefpapier kaufen. Und wenn dein Geschäft nicht boomt? Was, wenn keine Telefonanrufe zu beantworten sind, keine Produkte zu versenden sind und nicht wirklich sehr viel zu tun ist? Was, wenn du nicht genug verdienst, um sie für eine Woche zu bezahlen?

Nicht gut, oder?

Wenn du die Aufgabe an einen Spezialisten auslagerst, bekommst du die Aufgabe erledigt und du musst erst wieder anrufen (oder bezahlen), wenn du den Dienst wieder in Anspruch nimmst.

#2 Es ist bequem

Outsourcing an einen virtuellen Assistenten bedeutet, dass du niemanden in deinem Büro unterbringen musst. Und wenn du von zu Hause aus arbeitest, ist das sehr wichtig. Eine Aushilfskraft, auch wenn es nur für einen Tag oder eine Woche ist, kann deinen Terminplan durcheinanderbringen. Du musst sicherstellen, dass der Computer läuft, ihr zeigen, wo die Dokumente sind, Smalltalk mit ihr machen und all dies frisst deine kostbare Zeit. Das Verwenden von virtuellen Services ist viel bequemer und spart Zeit im Gegensatz dazu, wenn jemand in deinem Büro ist. Virtual Agents verwenden ihre eigene Ausrüstung, du musst keinen Smalltalk führen, du bekommst "nur" die Arbeit mit sehr wenig Aufwand.

#3 Es lässt dich an Einkommen schaffenden Aufgaben arbeiten

Durch das Auslagern dieser Aufgaben, die kein Geld bringen, hast du Zeit für die Aufgaben, die Geld bringen. Also die zwei Stunden, die du normalerweise brauchst, um deine Social-Media-Aktivitäten für die nächsten ein bis zwei Wochen zu sortieren und zu planen, könntest du verwenden, um passgenaue Produkte für deine bestehenden Kunden zu entwickeln.

#4 Weil du nicht alles selber machen kannst

Wie leidenschaftlich du auch mit deinem Unternehmen umgehst, es ist unmöglich, jedes einzelne Ding selbst zu tun. Ich habe 15 Aufgaben im vorhergehenden Kapitel bereits hervorgehoben, die potenziell ausgelagert werden können, und das, ohne sie in mundgerechte Stücke brechen zu müssen. Wenn dein Geschäft floriert, brauchst du Hilfe, so dass es weiterhin gedeiht. Ein ausgebrannter, nachtragender Unternehmer, der unglücklich ist, wird nicht gedeihen.

#5 Es geht nicht um Engagement

Virtuelle Arbeiter brauchen keine Art von Engagement. Du brauchst ihnen nicht sagen, dass du Ihnen 'x' Aufgaben jede Woche geben wirst. Sie sind glücklich, dass sie für dich arbeiten dürfen, und erwarten nicht mehr als das.

#6 Du hast alles im Griff

Outsourcing bedeutet, dass du die Kontrolle über den Vorgang oder das Projekt hast. Du hast die Kontrolle über deinen Zeitplan (sobald du diesen mit deinem gewählten Freiberufler abgestimmt hast) und dein Budget. Wenn du die falsche Person gewählt hast, dann versuche beim nächsten Mal einfach jemand anderen. Du findest sicher jemanden, den du gerne mal wieder beauftragst, für deinen nächsten Auftrag.. Zusammenstöße der Persönlichkeiten am Arbeitsplatz in einem Unternehmen sind viel schwieriger zu bewältigen!

#7 Es kann dein Geschäft auf die nächste Stufe bringen

Die ganze Woche zu arbeiten kann nur solange gut gehen, bis du schließlich völlig erschöpft bist und du deine Leidenschaft für das Geschäft verloren hast. Also wenn du deine täglichen/wöchentlichen/monatlichen Aufgaben auslagerst, kannst du dich auf die Entwicklung deines Unternehmens statt nur auf die Arbeit konzentrieren. Und mit deinem wachsenden Heer an Freelancern stellst du sicher, dass es keine Grenzen gibt bei dem, was du erreichen kannst.

#8 Weil DU es einfach nicht kannst

Trotzdem du viele verschiedene unternehmerische Hüte trägst, findest du, dass du einfach einige Aufgaben nicht durchführen kannst. Egal ob SEO, Grafik-Design oder Selbsteinschätzung, manche Jobs solltest du nur den Profis überlassen.

#9 Weil es zu lange dauert

Okay, vielleicht bist du durchaus in der Lage, die Aufgabe zu bewältigen, aber es dauert dir zu lange. Ein Beispiel: kannst du es dir leisten, zwei Stunden in eine Newslettervorlage bei Mailchimp oder Getresponse zu investieren, während du ganz genau weißt, dass du es von deinem VA gegen eine geringe Gebühr in wenigen Minuten machen lassen kannst?

#10 Weil du es einfach nicht machen willst

Viele Menschen hassen Papierkram oder Texte und infolgedessen setzen sie diese Aufgaben an den unteren Rand des Haufens. Nun, wenn du eine bestimme Aufgabe nicht tun willst, dann versuche es auch nicht sondern outsource es einfach. Es ist der viel bessere Geschäftssinn.

Outsourcing (Fremdbeschaffung) lohnt sich

Finanzielle Vergütung und langfristige Investitionen

Manchmal ist es schwer die finanziellen Vorteile des Outsourcings zu verstehen, denn wenn man es realistisch sieht, ist es eine weitere Rechnung, die du zahlen musst. Doch sollte man es nicht so sehen. Stattdessen solltest du versuchen, das Outsourcing eher als eine Investition zu verstehen.

Das folgende Szenario solltest du hierbei bedenken.

Marie ist eine Unternehmensberaterin, die mit Kundengruppen arbeitet, aber auch mit einzelnen Kunden. Ihr Stundensatz beträgt 80 Euro. Sie hat das Geschäft von Grund auf aufgebaut und jetzt ist sie an einem Punkt angekommen, wo sie Schwierigkeiten hat, sich um alles selbst zu kümmern, von der Verwaltung ihrer Facebook-Seite (woher 90% ihrer Kunden stammen) bis zum Organisieren aller ihrer Arbeitsmappen und Schulungsunterlagen.

Normalerweise würde sie alles selbst regeln, doch nun benötigt sie Hilfe, weil sie zu viel Zeit mit diesen Aufgaben verbringt. Nach einer kurzen Recherche und einigen ersten Treffen hat sie einen lokalen virtuellen Assistenten (VA) gefunden, der virtuell aber auch vor Ort arbeitet. Der Stundenlohn des VA beträgt 40 Euro.

Nun, diejenigen von euch, die das Glas als halb leer ansehen, konzentrieren sich wahrscheinlich nur auf die Tatsache, dass Marie ihren Stundenlohn für jede Stunde halbiert, in der sie den VA einstellt.

Doch diejenigen unter euch, die das Glas als halb voll betrachten, verstehen, dass, während Marie ihren Stundenlohn halbiert, sie gleichzeitig eine langfristige Investition macht. Während ihr VA an ihrem Schulungsmaterial arbeitet und sich um die Facebook-Interaktionen kümmert, kann sich Marie auf das Wachstum, die Entwicklung und das Marketing konzentrieren. Sie kann die Zeit damit verbringen, ihren Kunden ihre neuesten Angebote und

Dienstleistungen vorzustellen. Gleichzeitig arbeitet sie auch AM Unternehmen und nicht nur darin.

Diese Investition wird also auf längere Sicht wieder hereingeholt. Jede Stunde, in der sie sich auf das Geschäft konzentrieren kann, kann potentiell viel mehr als die 40 Euro pro Stunde hereinbringen, die sie in ihren VA investiert hat.

Produktivitäts-Belohnungen

Indem du die Arbeit an einen vertrauenswürdigen Helfer delegierst, erhälst du Zeit, um an etwas anderem zu arbeiten. Kurz gesagt erhöhst du deine Produktivität auf das Doppelte. Das kann doch nur gut für das Geschäft sein.

Schauen wir uns nun ein anderes Szenario an.

Es ist Montag, 9 Uhr morgens. Du hast bereits 12 Dinge auf deiner Aufgabenliste, da du diese am hektischen Freitag zuvor nicht mehr erledigen konntest. Das Telefon klingelt bereits und du konntest noch nicht einmal deine E-Mails öffnen.

Lass mich mal raten, wie du dich fühlst.

- Überwältigt?
- Demotiviert?
- Frustriert?
- Lethargisch?

Wie wäre es also, wenn du die Hälfte dieser Aufgaben oder sogar alle an deinen Outsourcing-Assistenten weitergibst? Dies würde deine Produktivität drastisch erhöhen, denn du wirst nicht nur ein zusätzliches Paar Hände bekommen, umdie restliche Arbeit vom vergangenen Freitag zu bewältigen, sondern du bekommst dadurch einen Motivationsschub. Die Woche ohne Stress zu beginnen, wirkt großartig auf dein Ego.

Lebensstil-Belohnungen

Wie auch bei der Produktivität und den finanziellen Vorteilen ermöglicht dir das Outsourcing, wieder einen Teil deines Lebens zurückzubekommen!

Es ist verständlich, warum diejenigen, die dir am Nächsten sind, sich manchmal über dein Unternehmen beschweren. Sie erleben es aus erster Hand, wie müde du bist, wie mürrisch du werden kannst (weil die Leitung eines Unternehmens nicht gerade ein Spaziergang ist, oder?). Sie haben wahrscheinlich nichts dagegen, wenn du eine Erfolgswelle erlebst. Aber es ist unerträglich, wenn dein nächstes Tief dich wieder auf den Erdboden zurück zwingt.

Um diese Achterbahnfahrt einfacher für dich und deine Familie oder Freunde zu machen, kann Outsourcing dir den Weg ebnen, um eine gute Arbeits/Lebensbalance zu erreichen. Ich möchte damit nicht behaupten, dass die Höhen und Tiefen anders sein werden. Aber wenn du weißt, wann es an der Zeit ist, zu sagen: „Hey, lassen wir die Arbeit dieses Wochenende sausen und unternehmen etwas Besonderes", dann wird jeder davon profitieren. Oft ist es gut sich ein wenig von der Arbeit zu trennen, um wieder etwas aufatmen zu können.

Stell dir einfach mal vor:

- Kein Schuldgefühle mehr, dass du nicht genügend Zeit mit deiner Familie verbringen kannst
- In den Urlaub fahren, ohne sich in der Zwischenzeit Sorgen um das Geschäft zu machen
- Sich entspannen können, nachdem du die Kinder ins Bett gebracht hast, anstatt den Laptop nochmals einschalten zu müssen
- Das Golfwochenende oder Spa-Wochenende mit Freunden wahrnehmen
- Sich motiviert fühlen und glücklich in deiner Arbeit sein, anstatt zu bedauern, dass sie dein ganzen Leben übernimmt und bestimmt

Du kannst also auf Familienurlaube fahren, auf Radtouren gehen, einen Kurzurlaub genießen und eine wahrhaft entspannte Zeit mit deinen Liebsten verbringen. Du wirst nicht nur wieder deine Batterien aufladen können und am Montagmorgen wieder Vollgas geben können, sondern auch alle um dich herum werden von den Vorteilen deiner positiven Lebensänderung profitieren...

Testen des Talentes

Outsourcing ist auch eine einfache Möglichkeit, mit anderen Experten zusammen zu arbeiten. Es gibt sehr viele talentierte Leute, die du entdecken kannst. Es ist nur eine Frage der Zeit. Viele Freiberufler verfügen über viel Erfahrung und sind hochqualifizierte Spezialisten in ihrem jeweiligen Bereich. Wenn du Glück hast, solche ausfindig zu machen und einige Aufgaben an diese weiterzugeben, erhöht dies zusätzlich die Glaubwürdigkeit deines Unternehmens.

Wenn du, zum Beispiel, jemanden findest, der fantastische Blogs schreiben kann, dann könnte dies dein Unternehmen auf eine andere Ebene bringen. Vielleicht sind deine Blogs gut, doch das Outsourcing deines Blogs an einen begabten Texter kann dein Geschäft neu aufblühen lassen. Diese sehen nämlich die Dinge aus einer anderen Perspektive. Sie verwenden andere Wörter als du und verfügen über erfrischend neue Phrasen, die dir wahrscheinlich gar nicht in den Sinn gekommen wären.

Es gibt sogar noch einen zusätzlichen Bonus.

Wenn deine Blogs von einem talentierten Texter erstellt werden, dann kannst du seine neuen Phrasen, seine skurrilen Wörter und seine überzeugenden Aufrufe zum Handeln auch für deine Social Media- und/oder E-Marketing-Kampagnen verwenden. Hol alles aus den fremd beschaffenen Aufgaben heraus, denn dies wird eine erstaunliche Wirkung auf dein Unternehmen haben.

Termine einhalten

Das Outsourcing einer Geschäftsaufgabe oder eines Projekts ist wirklich gut, wenn du damit kämpfst, Termine einzuhalten. Wir können nicht jede einzelne Stunde jeden Tag in unserem Unternehmen planen und wenn etwas Dringendes kommt und andere Projekte vorübergehend auf Eis gelegt oder aufgeschoben werden müssen, kann dies häufig zu Problemen führen. Wenn du aber die weniger dringende Aufgabe an einen Assistenten weitergibst, kannst du dich auf die wichtigste Aufgabe zu diesem Zeitpunkt konzentrieren. Dies verhindert potenzielle Probleme durch den Schneeballeffekt und Schaden deines Rufes...

Zufriedenheit deiner Kunden

Wir alle benötigen zufriedene Kunden, damit unser Geschäft weiterhin wachsen kann. Die Mundpropaganda ist sehr lohnenswert, weil du nicht nach neuen Kunden suchen musst (sie kommen zu dir), doch auch, weil sie kostenlos ist.

Outsourcing ermöglicht außerdem eine höhere Kundenzufriedenheit, denn du bekommst ein zusätzliches Paar Hände, wenn du Unterstützung brauchst. Diese Hilfe ermöglicht es, die Termine einzuhalten oder sogar vorzeitig abzuliefern. Das macht beide Seiten glücklich. Und wenn die Kunden mit einem Produkt oder einer Dienstleistung zufrieden sind, sagen sie es ihren Freunden, Familien und Kollegen weiter.

Du kannst mehr Aufträge bewältigen

In den frühen Tagen eines Unternehmens neigt man dazu, alles selbst zu erledigen. Das ist verständlich, aber es kommt eine Zeit, in der du die Nachfrage nach deinen Dienstleistungen und /oder Produkten nicht mehr erfüllen kannst. Outsourcing kann die Lösung sein. Sobald du dein Team von vertrauenswürdigen Experten zusammengestellt hast, um dich zu unterstützen, gibt es keine Grenze deiner Kundenanzahl mehr. Wenn deine Freiberufler

Verantwortungsgefühl, Treue und das Einhalten der Fristen beweisen, dann ist wirklich alles möglich!

Du verzichtest nicht auf Gewinne

Nehmen wir mal zum Beispiel an, dass du ein E-Book-Publisher bist. Deine Kunden wissen, dass du ihr Buch professionell erstellst, formatierst und auf jeder der vielen E-Book-Publishing-Plattformen hochlädst. Viele deiner Kunden kommen auf dich zurück und bitten dich um physische Kopien ihrer Bücher. Nun, dies ist nicht dein Bereich. Aus einem bestimmten Grund wolltest du diesem nicht nachgehen, aber du weist deine Kunden nicht gerne ab. Warum also nicht fremd beschaffen?

In diesem Fall hast du folgende Möglichkeiten:

1. Du könntest jede der notwendigen Aufgaben zur Veröffentlichung eines physischen Buches fremd beschaffen, die Ergebnisse zusammenfassen und das Projekt selbst leiten, sozusagen als Vermittler oder Vermittlerin.

ODER

2. Du könntest das gesamte Projekt an einen seriösen Buchverlag auf einer Partner-Basis übergeben. Auch hier könntest du das Projekt für deinen geschätzten Kunden leiten (gegen eine zusätzliche Gebühr), oder, wenn du dir sicher bist, dass sich der Buchverlag gut um den Kunden kümmert, kannst du ein Treffen der beiden arrangieren.

Outsourcing bringt dir viel Lohnenswertes und das Zusammenspiel der oben genannten Vorteile kann deinem Unternehmen einen Wettbewerbsvorteil verschaffen. Du wirst in der Lage sein, mehr

Kunden und Aufträge zu bewältigen, eine breite Palette an Dienstleistungen und Produkten anzubieten, deinen Umsatz und die Produktivität zu steigern und letztlich bringst du dein Unternehmen auf die nächste Ebene.

Was sind die Risiken des Outsourcings?

Wie bereits erwähnt, gibt es sehr viele Belohnungen, die aus dem Outsourcing entstehen können. Von den finanziellen Vorteilen bis hin zum potenziellen Unternehmenswachstum findet man viele Gründe, warum Outsourcing die beste Möglichkeit sein kann, um auch dein Unternehmen anzukurbeln.

Doch wie bei allen Geschäftsaktivitäten, -transaktionen und – beziehungen bringt das Outsourcing auch Risiken mit sich. Die Höhe dieser Risiken hängt vom Umfang der Aufgabe, deinem finanziellen Engagement und deinem Zeitplan ab.

Hier sind einige der Risiken, die du beachten solltest.

Qualitätsstandards

Ein Grund, warum du eine Aufgabe fremd beschaffen möchtest, könnte sein, dass du nicht entsprechend dafür ausgebildet bist, sie nicht zu deinem Kenntnisbereich zählt oder du nicht genügend technisch ausgestattet bist, um sie selbst zu erledigen. Darum suchst du im Grunde nach einem Spezialisten.

Je nachdem, wie du das Outsourcing angehst (d.h. ob du dich für einen Dienstleister entscheidest oder dich direkt an den Freiberufler selbst wendest), könntest du feststellen, dass die Qualität der Arbeit einfach nicht dem entspricht, was du wolltest.

Wenn du dich eher nach dem Budget richtest als nach der Qualität, könntest du beim Outsourcing auf Enttäuschungen treffen. Ich habe selbst die Erfahrung gemacht, dass die preislich günstigste Wahl nicht immer die Beste ist. Oft kämpfen die billigeren Outsourcing-Assistenten um Arbeit oder wurden kürzlich erst zum Freiberufler und versuchen ihre Konkurrenz zu unterbieten. Das Ergebnis ist in der Regel enttäuschend.

Bedrohung der Vertraulichkeit

Es sei denn, du konntest deinen Freiberufler durch eine Empfehlung finden oder du kennst die betreffende Person, ansonsten ist die Vertraulichkeit immer ein zu berücksichtigendes Risiko beim Outsourcing. Natürlich hängt dies von der Art der Arbeit ab, die diese Person übernehmen sollte. Darum solltest du das Risiko vor der Übergabe der Aufgaben abschätzen.

Vergiss nicht, dass es immer ein gewisses Risiko mit der Vertraulichkeit gibt, außer du hast bereits eine langjährige Geschäftsbeziehung mit dem Freiberufler. Ob es nun eine ernsthafte Gefahr gibt, die dir Probleme bereiten könnte, wenn dein Kunde es herausfindet, oder es ein ziemlich kleines Risiko ist, dass man als Kunde auf der Internetseite/Unternehmensseite des Freiberuflers ohne dessen Zustimmung genannt wird. Du solltest also auch diesen Bereich vollends berücksichtigen.

In einer idealen Welt würde kein freiberuflicher Arbeiter, der sein Geld wert ist, seinen Ruf durch ein loses Mundwerk ruinieren. Und eine massive Verletzung der Vertraulichkeit ist wohl sehr unwahrscheinlich. Doch das Risiko besteht dennoch und darum solltest du vorsichtig sein.

Spannungsfeld

Ein Freiberufler oder Outsourcing-Assistent hat in der Regel mehr als ein Projekt in seinem Zeitplan. Dies kann zu einem Spannungsfeld führen und, als Folge, könnten deine Abgabetermine nicht eingehalten werden. Deine dringende Aufgabe muss innerhalb von 24 Stunden erledigt werden, doch deinem Freiberufler könnte gerade etwas Unerwartetes passiert sein, während du die Bedingungen deines Projekt verhandelst.

Dies ist zwar nicht die beste Arbeitspraxis für dich und dein Unternehmen. Doch ist es wichtig zu erkennen, dass ein Freiberufler mehrere Kunden und Aufgaben gleichzeitig bewältigen muss, um sich seinen Lebensunterhalt zu verdienen. Leider können diese nicht nur ein Projekt annehmen und warten, bis das Projekt fertig gestellt wurde, um dann wieder nach ihrem nächsten Lohn zu suchen. Und deshalb nehmen sie ab und zu zu viele Aufträge an. Dies ist einfach die Natur der Sache und kann für den Inhaber eines Unternehmens ein großes Risiko darstellen.

Zweifelhaftes Engagement

Wie auch das Risiko des Verschiebens von Terminen kann auch das Engagement des Freiberuflers für dein einmaliges Projekt zweifelhaft sein. Auch wenn eine Aufgabe klein ist, bezüglich der Zeit und des Lohns, könnte es für dich eine wichtige Aufgabe sein, die du innerhalb eines bestimmten Zeitrahmens fertiggestellt haben musst. Dies könnte jedoch eine dieser „kleinen" Arbeiten für deinen Freiberufler sein, die er in der Eile erledigt oder als Letztes einreiht.

Ich möchte folgendes betonen: bei einem professionellen Freiberufler sollte die Größe der Aufgabe bezüglich der investierten Mühe irrelevant sein. Sie sollten nicht vergessen, dass du ihnen in der Zukunft wiederholt Arbeit gibst und darum sollte jede ihrer Arbeiten mit bestem Gewissen durchgeführt werden. Manchmal ist dies jedoch nicht der Fall und darum ist es ein weiteres Outsourcing-Risiko, welches du berücksichtigen musst.

Fehlende Kontrolle

Wenn du als Profi eine Aufgabe an einen Outsourcing-Spezialisten weitergibst, übergibst du ihm auch Kontrolle. Du überlässt deine Verantwortung für die Überwachung der Aufgabenerfüllung jemandem anderen. Wenn es eine eher unwichtige Aufgabe ist, wie zum Beispiel Dateneingabe in eine Excel-Tabelle, dann ist das nicht so schlimm. Wenn es aber eine grössere Facharbeit für einen wichtigen und geschätzten Kunden ist, dann könntest du dabei ein bisschen nervös werden.

Wie du bei der Übergabe der Arbeit an jemanden reagierst, hängt von deiner Persönlichkeit ab. Einige übergeben sie, tragen den Abgabetermin in den Kalender ein und denken dann nicht weiter darüber nach. Andere können einfach nicht aufhören, darüber nachzudenken (du weißt genau, dass ich dich damit meine!), und sind bis zum Abgabetermin angespannt. Je nachdem, wie viel Kontrolle du über jeden Aspekt deines Unternehmens möchtest, kann Outsourcing ein Risiko für dich darstellen.

Versteckte Kosten

Wenn das Budget und der Abgabetermin bei der Übergabe der Aufgabe an deinen Freiberufler festgelegt werden, dann sollten realistisch gesehen keine weiteren Kosten anfallen. Aber manchmal könnte dies trotzdem passieren. Aus deiner Sicht bereitest du das Budget für diese Aufgabe vor, doch jegliche anfallenden Mehrkosten klingen für dich wie ein Albtraum.

Versteckte Kosten treten in allen möglichen Verkleidungen auf, wie z.B.:

- der Abgabetermin des Freiberuflers überschreitet deine Erwartungen bei weitem
- Druck, Briefpapier und Porto
- Zusätzliche Aufgaben, die indirekt (!) oder nicht im ursprünglichen Angebot waren

Wo sich auch immer die zusätzlichen Kosten verstecken, könnte dies ein weiteres potenzielles Risiko für dich und dein Unternehmensbudget darstellen.

Plagiat

Auch dies hängt natürlich von der Art und Größe der Aufgabe ab, die du fremd beschaffen willst, aber beim Outsourcing besteht immer die Gefahr von Plagiaten. Ob es sich nun um deine Ideen, deine schriftlichen Texte und/oder deine Geschäftspraktiken handelt; Plagiat birgt ein Risiko, welches sorgfältig geprüft werden muss, bevor du deine Geschäftsaufgaben an einen Außenstehenden delegierst.

Fehlkommunikation

Es passiert schnell, dass Details einer Arbeit nicht richtig kommuniziert werden. Darüber hinaus gibt es jetzt in der ganzen Welt Freiberufler und deine Muttersprache könnte eben nicht deren Muttersprache sein. Das alleine schon birgt ein Risiko in sich. Aber auch für bei denjenigen mit der gleichen Sprache besteht noch ein gewisses Risiko, dass z.B. deine Anweisungen falsch interpretiert oder missverstanden werden können. Der Auftrag könnte dann falsch fertiggestellt werden und du könntest mit einer ganzen Reihe von Herausforderungen konfrontiert werden.

Die Suche nach der besten Person für deine Arbeit

Du legst immer großen Wert auf Vertrauen, wenn du Aufgaben deines Unternehmens durch einen Freiberufler fremd beschaffst. Du vertraust darauf, dass dessen Referenzen wahr sind und er auch die Arbeit erledigen kann, die du ihm aufträgst. Es besteht allerdings auch die Möglichkeit, dass du einfach nicht mit dem Freiberufler zurechtkommst, dem du jedoch leider bereits den Auftrag gegeben hast. Du weißt nicht genau was es ist, aber du weißt, dass du einfach nicht mit seiner Arbeit zufrieden bist. Schon kann sich die Prophezeihung erfüllen und er lässt dich im Stich.

Wie man diese Risiken so klein wie möglich hält

Wähle deinen Freiberufler weise

Es gibt jede Menge Freiberufler, darum gilt mein erstes Wort der Warnung der guten Wahl des Freiberuflers. Entscheide dich nicht gleich für den ersten Freiberufler, der dir den Himmel auf Erden verspricht. Schaue dich genau auf dem Markt um. Nimm dir Zeit, um dir ihre Referenzen, ihre Berufserfahrung und ihr Profil durchzulesen. Gab es eine schlechte Bewertung? Was sagt dir dein Bauchgefühl über diesen Freiberufler, wenn du die Kommentare anderer Leute siehst?

Selbst wenn alles darauf hindeutet, dass es die richtige Person für diese Arbeit ist, solltest du noch weiter forschen. Bitte um Arbeitsproben, die der Aufgabe entsprechen, die du anvertrauen willst. Wenn es sich um einen Texter handelt, bitte ihn um einen Probetext, wenn es ein Web-Designer ist, bitte ihn um Links zu Internetseiten, die er entworfen hat. Einen eindeutigen Beweis der Qualität ihrer Arbeit zu sehen, verringert die Risken, zumindest was das Know-how angeht.

Es geht nicht NUR um das Budget

In einer idealen Welt würden wir alle gerne den bestmöglichen Service zu möglichst niedrigen Preisen erhalten, doch dies ist nur sehr selten der Fall. Ich weiß, dass die Kosten beim Outsourcing stark berücksichtigt werden müssen, aber es ist nicht der wichtigste Faktor. Du benötigst einen hochwertigen Service und in der Regel musst du auch einen Preis bezahlen, der diesen hohen Standard widerspiegelt. Um also das Risiko so gering wie möglich zu halten, würde ich empfehlen, dass du dich niemals für die günstigste Wahl des Freiberuflers entscheidest. Qualität ist eben nicht billig.

Versichere dich, dass du eine „Gefängnis-Freikarte" hast

Wenn du ein Projekt fremd beschaffen willst, dass z.B. in einem Zeitraum von sechs Monaten durchgeführt werden muss, oder wenn du eine bestimmte Anzahl von Stunden pro Woche an einen virtuellen Assistenten weitergibst, dann ist es wichtig, dass du eine Hintertür offenlässt. Das Erstellen einer „Gefängnis-Freikarte" oder Hinzufügen einer Vertragsklausel, die es dir erlaubt, zu kündigen, wenn Fristen versäumt werden oder die Kommunikation abgebrochen wird, ist unumgänglich, um mögliche Risiken zu verringern. Vergiss nicht, dass dies für beide Seiten gilt, damit auch der Freiberufler die Möglichkeit hat, den Vertrag zu kündigen, wenn er unglücklich ist.

Fange mit kleinen Schritten an

Wenn das Outsourcing ein relativ neues Konzept für dich ist, dann hüpf nicht gleich mit beiden Füßen ins kalte Wasser, denn du könntest es wahrscheinlich bereuen. Beginne mit kleinen Projekten. Unterteile große Projekte in kleine und leichter verarbeitbare, denn so setzt du dich keinem großen Risiko aus. Mache ein Brainstorming deiner Aufgaben von Anfang bis Ende. Wenn du die erste Teilaufgabe fremd beschaffst und gute Ergebnisse damit erzielst, verwende diesen Freiberufler wieder. Wenn du deine große Aufgabe in kleinere aufteilst, stehst du wahrscheinlich aus finanzieller Sicht nicht schlimmer da, doch der gesamte Prozess wird länger dauern. Wenn du aber auf einer ziemlich risikolosen Skala fremd beschaffen willst, solltest du mit kleineren Arbeiten anfangen.

Teste deinen Freiberufler

Ebenso wie beim Outsourcing von kleineren Projekten könntest du deinen Anfang im Outsourcing mit dem Delegieren von Aufgaben beginnen, die nicht zu riskant sind. Wenn du zum Beispiel an einem Punkt in deinem Unternehmen angekommen bist, an dem du einen virtuellen Assistenten für ein paar Stunden in der Woche oder im

Monat benötigst, dann probiere ihn erstmal aus. Bitte ihn zum Beispiel, ein paar Stunden deine Mitbewerber oder bestimmte Dienstleister für dich auszuforschen. Offensichtlich werden die Ergebnisse wertvoll für dich sein, doch du musstest kein grosses Risiko eingehen. Nach drei, vier, fünf verschiedenen Aufträgen bekommst du ein Gefühl dafür, wie du mit ihm zusammenarbeiten könntest. Bis dahin solltest du wissen, ob du dir eine wertvolle Geschäftsbeziehung vorstellen kannst oder umgekehrt, herausfinden, dass derjenige nicht wirkich zu deinem Unternehmen passt.

Ohne Vorbereitung wirst du scheitern

Riskiere keinen Fehlschag. Versichere dich, dass du die fremd beschaffene Aufgabe im Detail erklärst. Wenn du eine Schritt-für-Schritt-Anleitung erstellen musst, damit die beauftragte Person nur mehr deiner Anleitung folgen muss, dann tu es. Das Erstellen einer Schritt-für-Schritt-Anleitung für verschiedene Aufgaben in deinem Unternehmen bringt dir eine große Zeitersparnis, wenn du mit verschiedenen Freiberuflern arbeitest und dadurch verringerst du auch die Risken. Es gibt wirklich keine Ausrede, wenn jemand deinen Schritt-für-Schritt-Anleitungen für eine Aufgabe nicht folgen kann.

Halte einen Notfallplan bereit

Ein Notfallplan ist wirtschaftlich sinnvoll. Bis du dieses nerviöse Gefühl beim Outsourcing überwinden kannst, ist es gut zu wissen, was du ihm schlimmsten Fall machen musst. Wenn du zum Beispiel eine Arbeit benötigst, die in 48 Stunden abgeliefert werden muss, dann teile deinem Outsourcing-Assistenten mit, dass du sie in 24 oder 36 Stunden benötigst. Gönn dir diesen Sicherheitspuffer und du wirst größeren Problemen entkommen können.

Kommunikation

Wenn du Aufgaben an deinen Freiberufler delegierst, dann versichere dich, dass:

a er genau weiß, was von ihm erwartet wird
b er eine Frist hat
c er sich so früh wie möglich melden soll, fall es Probleme damit gibt
d er weiß, wie die Arbeit gemacht werden soll

Deine Erwartungen an den Freiberufler von Anfang an weiterzugeben, ist eine gute Möglichkeit, um richtig mit ihm zu arbeiten. Wenn dein Freiberufler ein mehrere Wochen langes Projekt übernimmt, dann könntest du zum Beispiel eine wöchentliche persönliche Sitzung per Skype mit ihm durchführen. Die Kommunikation ist der Schlüssel bei der Arbeit mit Freiberuflern.

Vertraulichkeit

Um das Risiko eines Vertrauensbruchs zu verringern, solltest du dich versichern, dass eine Art Geheimhaltungsvereinbarung besteht, besonders wenn du Arten von Dateneingabe weitergibst oder sie direkt mit deinem geschätzten Kunden kommunizieren. Dies gehört zur normalen Arbeitspraxis für Freiberufler und diese sollten keine Vorbehalte bei einer solchen Unterzeichnung zeigen. Riskiere auf keinen Fall deinen Ruf, deine Marke oder das Vertrauen deiner Kunden. Versichere dich, dass auch dieses Thema behandelt wurde, bevor du mit der Zusammenarbeit beginnst.

Sei geduldig

Wenn du eine eher untergeordnete Dateneingabe-Aufgabe fremd beschaffst, dann solltest du nicht wirklich ständig nachhaken oder mit der beauftragten Person in Kontakt sein, denn dies bewirkt nur ein schlechtes Arbeitsklima. Schenke deinem Freiberufler den Respekt, den er sich verdient. Im Grunde ist er ein Profi, genau wie du, und wenn du ständig versuchst festzustellen, wie weit er mit der Aufgabe ist und ihn mit unnötigen E-Mails oder Telefonanrufen belästigst, dann tust du dir selbst keinen Gefallen. Mit der Bitte um ständige Information linderst du nicht wirklich die Risiken, sondern läufst sogar Gefahr, dass deine Arbeit aufgeschoben wird, weil du dem Freiberufer wohl damit (nach einem besseren Begriff suchend..) auf die Nerven gehst.

Sei finanziell gut vorbereitet

Falls es versteckte Kosten bei einer deiner delegierten Aufgaben geben könnte, ist es ratsam, zusätzlich 5-10% zum zugewiesenen Budget hinzuzufügen. Dies ist besonders nützlich, wenn du eine Aufgabe auf Basis eines Stundensatzes zugewiesen hast und eine bestimmte Anzahl an Arbeitsstunden erwartet wird. Um versteckte Kosten einzuberechnen, ist es manchmal besser, nach einer festgelegten Gebühr zu bitten, anstelle des Stundensatzes.

Lass dich nicht von einer schlechten Erfahrung unterkriegen

Einige Internetseiten für Freiberufler und individuelle Freiberufler haben einfach nicht die gleiche Arbeitsethik wie du. Manchmal hat man aus irgendeinem Grund eine schlechte Erfahrung mit dem Outsourcing. Doch bitte lass dich nicht deswegen davon abbringen. Nimm es als Lernkurve an. Das Positive aneignen, den Staub abklopfen und weitermachen. Outsourcing birgt so viele wahre Vorteile für dein Unternehmen, dass ein fauler Apfel dich nicht davon abhalten sollte, es nochmals damit zu versuchen.

Outsourcing für junge Unternehmen

In einer idealen Welt wäre es fantastisch, wenn wir alles fremd beschaffen könnten, sobald wir mit unserem Unternehmen beginnen. Ein Dreamteam von Textern, Buchhaltern, Vermarktern, Grafikern, virtuellen Assistenten und SEO-Experten würde dir genug Zeit geben, dich auf die Geschäftsentwicklung und Kundeninteraktionen konzentrieren zu können.

Doch die Wirklichkeit sieht leider oft anders aus.

Das Geld ist oft knapp. Die Kreditkarten werden fast überzogen. Enge Freunde und Familienmitglieder bangen insgeheim um deine Zukunft, weil du einen wirklich großen Sprung ins Ungewisse gewagt hast. Doch du brauchst dir keine Sorgen zu machen, denn das alles ist Teil der anfänglichen Aufregung und es wird einfacher werden.

Was kannst du also tun?

Nun, ohne zu technisch oder zu sehr ins Detail zu gehen, verfügt dein neues Unternehmen, sagen wir, über fünf grundlegende Geschäftsfelder.

- Kunden und Kundendienst
- Marketing
- Finanzen
- Verwaltung
- IT

Übrigens, wenn du als Einzelunternehmer arbeitest, dann musst du dich in dieser Phase nicht um Personalthemen kümmern.

Und jeder dieser fünf Bereiche beinhaltet wiederum eine ganze Reihe von Teilbereichen, die du ebenfalls bewältigen musst.

Kann ich überhaupt etwas fremd beschaffen, wenn ich nur über ein kleines Budget verfüge?

Ja, du kannst es tun und ich glaube sogar, dass es wichtig ist, dass du es tust. Schauen wir uns zunächst IT an. Ob du nun Produkte oder Dienstleistungen verkaufst, ist eines der ersten Dinge auf deiner Liste wahrscheinlich, eine Internetseite zu erstellen. Bevor du nun darin eintauchst, bitte, bitte, bitte, mache zuerst eine ordentliche Recherche.

Es gibt einige brillante Web-Designer, aber es gibt auch ein paar wenige, die einfach zu viel Arbeit annehmen und dann nicht immer liefern können. Ein kleiner Teil der Web-Designer ist manchmal bekannt dafür (tut mir leid Web-Designer), ewig für die Bearbeitung von kleinen Anfragen oder kleinen technischen Änderungen zu benötigen. Einige könnten dich sogar an der kurzen Leine halten und jedes Mal, wenn du eine kleine Änderung benötigst oder durchführen möchtest, musst du den Web-Designer dafür anheuern (auch wenn du auf YouTube ein Video dafür gefunden hast und weißt, wie es geht!).

Hiermit versuche ich dir mitzuteilen, dass du diesen Aspekt deines neuen Unternehmens gründlich überdenken solltest. Wenn du keine Warenkörbe und entspechende Dinge hast, dann kannst du immer noch versuchen, deine Internetseite selbst zu erstellen, aber es ist wichtig, dass du das richtige Bild vermittelst. Ebenso schreit nichts mehr danach, ein Amateur zu sein, als hausgemachte Visitenkarten oder Flyer. Es gibt heutzutage so viele Unternehmen, die relativ preiswert Visitenkarten und andere Marketing-Materialien anbieten, so dass du solche Aufgaben wirklich nicht selbst machen musst.

Ein Wort der Warnung: Suche und recherchiere nach potentiellen Webdesignern und wenn du zwei oder drei gefunden hast, die vielversprechend sind und kein unverschämtes Honorar verlangen, dann bitte sie um einige Referenzen. Nimm sie nicht einfach beim Wort. Bitte sie auch um Arbeitsproben, damit du dich nochmals von ihrer Qualität überzeugen kannst und bitte auch um einen Zeitrahmen, in welchem sie das Projekt erledigen können.

VERWALTUNGSAUFGABEN

Wir schreiten nun zur Verwaltung vor und dies ist eine schwierige Aufgabe. In den Anfängen wirst du wahrscheinlich noch nicht sehr viel verdienen, aber wenn du gleich richtig loslegst, dann wird es dich in eine gute Position für die langfristige Zukunft versetzen.

Wenn du also nicht wirklich gut beim Erstellen von Briefköpfen mit Microsoft Word bist oder du nicht bewandert genug bist, um eine Tabellenkalkulation in Excel zu kreieren, dann solltest du dir jemanden zur Hilfe holen. Wenn du keine Freunde oder Familienmitglieder hast, die diese Arbeit erledigen können, dann gehe auf die Suche. Zu diesem Moment steht die Zeit auf deiner Seite und wenn du potenzielle Vorlagen von Microsoft, oder ein Buch, einen Bericht oder auch eine Schritt-für-Schritt-Anleitung finden kannst, dann empfehle ich dir, dies zu tun. Du wirst sehr mit dir zufrieden sein, erstaunt von der Ersparnis und wirst anfangen zu fühlen, dass der Traum von der Selbstständigkeit nicht weit entfernt ist.

Wenn du dies von deinem Startbudget finanzieren kannst, dann würde ich sagen, dass dies ein gut angelegtes Geld ist. Die geeignetste Person für diese Art von Aufgabe würde meiner Meinung nach ein virtueller Assistent sein. Wenn du keinen kennst, dann bitte jeden um eine Empfehlung. Richte dich an deine Social-Media-Plattformen und veröffentliche eine Nachfrage, wenn es dir schwer fällt, jemanden zu finden. Sobald du einen Interessenten gefunden hast, mit dem du zusammenarbeiten könntest, dann sieh dir dessen Internetseite an, die Referenzen und schon kann es losgehen.

Erkläre ihm/ihr, dass du ein Neuunternehmer bist und dass du eine ganze Sammlung an Dokumenten benötigst. Hier findest du ein paar Ideen für einen guten Anfang:

1. **Briefkopf** (wenn du bereits ein Logo hast, dann gib es ihm/ihr zum Einfügen) – versichere dich, dass neben dem visuellen Aspekt auch

alle deine Kontaktdaten darauf sein müssen. Der Name deines Unternehmens, Anschrift, Telefonnummer, Internetseite und auch deine Facebook- oder Twitter-Adresse sollten beinhaltet sein.

2. **E-Mail-Signatur** - eine E-Mail Signatur einzurichten ist ein weiterer guter Punkt. Wenn es richtig gemacht wird, wird jedes deiner E-Mails professionell und geschäftsmäßig aussehen. Wenn du dir nicht sicher bist, wie du deine E-Mails einrichtest, damit die Signatur automatisch eingefügt wird, dann wird dein virtueller Assistent dir sicherlich dabei weiterhelfen können.

3. **Eine Kundendatenbank in Excel** – es ist sehr wichtig eine Datenbank deiner Kunden in Excel zu erstellen, weil du so viel Informationen sammeln kannst, die der zukünftigen Entwicklung und Planung deines Unternehmen helfen können. Dabei solltest du die Kontaktdaten und Finanzdaten aufzeichnen, damit du weißt, wie viel sie bei dir ausgeben, was sie kaufen und wie häufig sie bei dir kaufen. Dies einzurichten bevor dein Kundenstamm außer Kontrolle gerät, ist höchstempfehlenswert. Ich würde sagen, je früher du sie einrichtest, um so besser.

4. **Eine Excel-Tabelle für die Grundbuchhaltungszwecke** - wenn die Buchhaltung dich mit Furcht erfüllt, dann wird eine einfache Tabellenkalkulation das Richtige für dich sein. Ein virtueller Assistent ist in der Lage dich mit den Überschriften für deine Einnahmen und Ausgaben einzurichten. Du wirst außerdem in der Lage sein, Formeln einzufügen, damit du nicht einmal mehr selbst zusammenzählen musst. Doch auch die Formeln kannst du umgehen, indem du einfach die Daten über deine Ausgaben und Einnahmen mit einem Taschenrechner hochrechnest und einfügst.

5. Rechnungsvorlage - diese kann auch schnell zu einem Beleg umgewandelt werden. Dein virtueller Assistent führt dich, doch in der Regel wirst du deinen Firmennamen, Anschrift, Telefonnummer etc. benötigen, und dann musst du noch das Datum, den Betrag, den Kundennamen und Anschrift des Kunden hinzuzufügen, deine erledigte Arbeit und die Zahlungsmöglichkeiten. Du wirst auch ein

Rechnungs-Nummerierungssystem für dich entwickeln müssen . Es muss nicht kompliziert sein ... eine einfache 2014-001, 2014-002-Sequenz ist ausreichend.

Diese Aufgaben sind alle auf einer grundlegenden Ebene, aber genug für deinen Einstieg und dein beschränktes Budget. Wenn du wirklich schon in dieser Phase investieren willst, dann bitte um Cashflow-Vorhersagevorlagen, Budgetplaner, Bilanzen - die Liste ist wirklich endlos.

MARKETING

Das Marketing ist ein integraler Bestandteil des Budgets jeden Unternehmens und darum sollte es am Besten sinnvoll genutzt werden. Versuche zu vermarkten und vor allem mit den kostenlosen Methoden. Dafür sind die Social Media großartig. Facebook ermöglicht es dir, deine eigene Geschäftsseite zu erstellen, du kannst auch verschiedenen Gruppen- und Gemeinschaftsseiten beitreten. Es ist wichtig, dass dein Unternehmen immer auf dem Laufenden ist, damit du potenzielle neue „Mag ich" gewinnst und mit deinen Followers interagierst. Eine statische Unternehmensseite sieht aus, als ob du nicht belästigt werden möchtest.

Wenn du Werbung machen möchtest, dann kannst du ganz klein mit Google AdWords und/oder Facebook-Anzeigen anfangen. Beide Methoden erlauben dir, das Budget festzulegen, was bedeutet, dass du dir keine Sorgen machen musst. Die Werbung kannst du direkt auf deine idealen Kunden ausrichten und das macht es umso verlockender.

Das Outsourcing eines Teils deines Marketings ist meiner Meinung nach immer eine Investition. Wenn das Blogging zu deinem Unternehmen gehört, dann könntest du dich nach einem Texter umsehen, der ein Bündel von, sagen wir, 12 Blogs erstellt (es ist in der Regel billiger, wenn du ein Bündel von Blogs kaufst, statt nur einen). Dies ermöglicht dir, dich für ein Jahr vorzubereiten, wenn du nur ein monatlicher Blogger sein möchtest.

Vielleicht möchtest du auch ein E-Book erstellen, um es an potenzielle Kunden im Austausch für deren E-Mail-Adresse zu verschenken? Wenn das Schreiben nicht zu deinen Stärken gehört, warum solltest du diese Aufgabe dann nicht auch fremd beschaffen? Oder wenn du gut schreiben kannst, doch keine Ahnung vom Formatieren, Grafiken einfügen und auf deine Internetseite hochladen hast, dann such dir einen Freiberufler, der dies alles für dich erledigt.

In Bezug auf die Markenbildung (Branding): dies ist ein Gebiet, das Know-how benötigt. Ein erfahrener Grafik-Designer ist in der Lage, professionelle Logos für dich zu erstellen. Doch Branding beinhaltet nicht nur dein Logo. Es bezieht sich auf jeden Teil der physischen Marketingmaterialien und Online-Präsenz, die du hast. Denk nur mal an deine Facebook-Überschriften und Deckblätter, über deine Twitter-Seite und Internetseite. Diese müssen alle in die gleiche Richtung erstellt werden. Also bitte, auch wenn du in den frühen Phasen nicht viel fremd beschaffen musst, solltest du die Markenbildung als eine Notwendigkeit betrachten. Wie ich schon erwähnte, können hausgemachte Designversuche aus 300km Entfernung erkannt werden!

Es gibt viele verschiedene Marketingaufgaben, die du fremd beschaffen kannst, aber wie bei allen erwähnten Optionen hier muss ich betonen, dass du keine großen Teile des Budgets riskieren solltest. Kleine Aufgaben sind einfach zu verwalten und zu budgetieren. Der Sprung ins kalte Wasser ist hier nicht ratsam.

Wenn das Marketing deine Schwäche ist, dann such dir einen freischaffenden Vermarkter und bitte ihn/sie, dir einen Marketing-Plan zu erstellen. Ein Wort der Warnung: Wenn du im Internet nach einer „Marketing-Plan-Vorlage" suchst, bereite dich darauf vor, verblüfft zu werden. Es gibt so viele, dass es dich völlig überwältigen wird. Such dir einen Vermarkter und sage ihm/ihr, was du genau willst, also nur den grundlegendsten Marketing-Plan, der dich in den nächsten 12 Monaten in eine gute Position bringen wird. Bis dahin wirst du überrascht sein, wir sehr sich die Position deines Unternehmen verändert hat.

KUNDEN & KUNDENDIENST

Dies ist ein weiteres heikles Gebiet und ich bin mir sicher, dass du am Anfang deines Unternehmens bestimmt alles selbst übernehmen möchtest. Wenn du jedoch täglich mit Anrufen überwältigt wirst, kannst du nicht viel mehr erledigen als die Anrufe zu beantworten, Aufträge annehmen oder Termine buchen. Also könnte Outsourcing dir hier eine Chance bieten.

Eine virtuelle Anrufbearbeitungskraft ist ein Profi, der diese Aufgabe übernehmen kann, wenn dein Telefon nie aufhört zu klingeln. Die meisten sind ziemlich preisgünstig und eignen sich für unterschiedliche Budgets und bieten monatliche Pakete. Die meisten können dir die Nachrichten entweder per E-Mail/SMS an dein Handy am Ende des Tages senden, oder wenn es dringender ist, in angemessenen Abständen. Du kannst deinen Profi auch damit beauftragen Termine für dich zu machen, wenn das ein großer Teil deines Unternehmens darstellt.

FINANZEN

Für diejenigen unter euch, die nicht gerade Fans von Zahlen sind, klingt es sicherlich sehr attraktiv, wenn das Finanzielle eures Unternehmens fremd beschaffen wird.

Bevor du jedoch gleich mit der Suche eines Buchhalters beginnst, solltest du erst rational darüber nachdenken. Wenn du nicht genug verdienst, um die laufenden Kosten eines Buchhalter zu bezahlen, dann gibt es eine Alternative.

1. Du könntest deine Finanzen selbst verwalten - es muss nicht kompliziert sein und du könntest dir einfach eine besondere Arbeitsmappe von einem Schreibwarengeschäft kaufen, wenn du nicht mit Excel bewandert bist.

2. Du könntest einen Buchhalter oder einen virtuellen Assistenten suchen.

Mit Hilfe eines virtuellen Assistenten oder einem professionellen Buchhalter kannst du dir während der ersten Tage einen Überblick über deine Konten verschaffen.

Wenn das Geschäft gut läuft, und es wird sehr bald soweit sein, dann würde ich dir zusätzlich zu einem Buchhalter oder virtuellen Assistenten einen Buchhalter empfehlen. Lass´ mich dir erklären, warum.

Michelle fing mit ihrem Stickerei-Unternehmen vor etwas mehr als einem Jahr an. Sie benutzt eine spezielle Ausrüstung, um Namen und Logos etc. auf Uniformen für Unternehmen vor Ort zu sticken. Sie kann nicht wirklich gut mit Excel umgehen und mag Computer überhaupt nicht gern, darum schrieb sie ihre finanziellen Aufzeichnungen in ein Notizbuch und alle ihre Einnahmen bewahrte sie in einem alten Schuhkarton auf.

Michelle war sehr bedacht, hielt diese Aufzeichnungen genau und versicherte sich, dass alle ihre Einnahmen für jeden Monat in Umschlägen aufbewahrt wurden.

Doch Michelles Geschäft begann sehr schnell anzuwachsen. Sie bekam immer mehr und mehr Kunden und musste immer mehr Aufträge erfüllen. Dies wirkte sich natürlich auch auf ihre Finanzen aus. Sie erreichte einen Punkt, an dem sie den Überblick über ihre finanziellen Aufzeichnungen verlor, sowie über alle ihren anderen Aufgaben. Darum kontaktierte sie einen Buchhalter in der Innenstadt.

Nach einem ersten Beratungsgespräch sagte ihr der Buchhalter, dass sie ihm vierteljährlich ihren Schuhkarton der Rechnungen, zusammen mit ihrem Notizbuch schicken könnte und er den Rest erledigen würde. Hierfür würden Kosten von Euro 140 pro Monat entstehen.

Sie fühlte eine enorme Erleichterung und sie war sehr glücklich darüber, bis ihr ein Freund von Suzy erzählte, eine lokale Buchhalterin, die nur Euro 14 pro Stunde verlangte. Suzy würde auch den Schuhkarton und ihr Notizbuch von Michelle jeden Monat übernehmen und alles in eine organisierte Tabelle verwandeln. Doch der Vorteil ist, dass Suzy nur ein paar Stunden pro Monat dafür braucht und außerdem auch keine Festvergütung verlangt.

Darum entschied sich die geschäftstüchtige Michelle dazu, Suzy anzustellen, um ihre monatlichen Tabellen zu erstellen und am Ende des Jahres schickte sie diese einfach zum Wirtschaftsprüfer, der Euro 280 für das Einreichen ihrer Steuererklärung verlangt.

Verstehst du jetzt, dass die erste Option manchmal nicht immer die finanziell tragfähigste ist?

Es ist wirklich sinnvoll, am Anfang eines Unternehmens mit Leuten zu reden, nachzuforschen und versuchen herauszufinden, welche anderen Optionen für dich verfügbar sind. Dies beweist die Moral dieser Geschichte.

Wie du also sehen kannst, ist es nicht unmöglich, fremd zu beschaffen, auch wenn du erst am Anfang deines Unternehmens bist. Du musst einfach jede Aufgabe entsprechend abwägen, gut nachforschen und mit vertrauenswürdigen Personen, wie z.B. Familie, Freunde und Kollegen reden. Der möglichst frühe Einstieg in die Outsourcing-Gewohnheit bereitet dich auch langfristig vor. Viele Unternehmer sind so daran gewöhnt, alles selbst zu erledigen und zögern beim Delegieren, weil ihr Geschäft schlussendlich ihr Baby ist. Outsourcing bereits ab der Anlaufphase bedeutet, dass du nicht sehr an deinem Baby hängst, weil du über den Tellerrand hinaussehen kannst.

Einrichtung bei einem Outsourcing-Dienstleister

Wenn du jetzt bereits davon überzeugt bist, dass Outsourcing etwas für dich ist, aber du benötigst noch ein wenig Sicherheit für den ersten Schritt, dann könntest du einen Outsourcing-Dienstleister nutzen. Es gibt inzwischen eine ganze Reihe dieser Unternehmen und sie sind großartig, wenn du deine ersten Erfahrungen im Gebiet Outsourcing machen möchtest ohne zu viele Risken einzugehen.

Das Tolle an diesen Outsourcing-Dienstleistern ist, dass sie als Vermittler fungieren. Die gesamte Kommunikation und Finanztransaktionen werden über die Internetseite des Dienstleisters durchgeführt und das Ergebnis ist, dass du ziemlich anonym bleibst. Natürlich muss der Dienstleister auch seinen Teil verdienen und dieser ist in der Regel ein Anteil an den Gesamtkosten des Auftrags.

Im Prinzip funktionieren alle diese Unternehmen auf gleiche Weise.

Sie haben eine Liste von Verkäufern (Freiberufler, die ihre Dienstleistungen anbieten), die sich auf alles spezialisieren, von der Administration bis zum Web-Design.

Dann gibt es die Käufer (Unternehmer wie du), die jemanden brauchen, um eine Aufgabe für sie zu erledigen.

Im Allgemeinen veröffentlichst du eine Arbeitsstelle und die Freiberufler bewerben sich dafür. Du liest dir die Angebote durch und entscheidest dann, welcher Freiberufler am besten deinen Bedürfnissen und deinem Budget entspricht. Dann nimmst du das Angebot an und zahlst die Vorauszahlung (an den Dienstleister) und dann beginnt der Auftrag.

Um dich bei einem Outsourcing-Dienstleister einzutragen, findest du hier die Schritte, um dort dein Konto und Profil einzurichten

- **Stelle deine Zahlungsmethode ein** (die meisten Dienstleister akzeptieren Paypal- oder Kreditkarten-Zahlungen). Der Großteil dieser Dienstleister neigt dazu, dasselbe System zu verwenden, wobei du direkt für z.B. die Korrekturlesen-Arbeit bezahlst, die für dich erledigt werden sollte. Manchmal ist es der gesamte Betrag und manchmal ist es nur eine Vorauszahlung. Der Dienstleister hält die Zahlung zurück, bis der Auftrag zu deiner Zufriedenheit abgeschlossen wurde und bezahlt den Freiberufler erst, wenn du den Auftrag abzeichnest.

- **Richte eine bestimmte E-Mail Adresse beim Anbieter ein**. Du wirst dich entscheiden müssen, ob du eine deiner aktuellen E-Mail-Adressen verwenden möchtest oder eine speziell für die Kommunikation mit diesem Dienstleister einrichten möchtest. Deine E-Mail-Adresse wird in der Regel nicht in deinem Profil angezeigt. Sie ist nur für die Kommunikation mit dem Dienstleister und den Freiberuflern, bei denen du bestellst und sie werden nicht in der Lage sein, dich direkt zu kontaktieren. Jede E-Mail oder Nachricht wird über dein Profil/Konto beim Dienstleister gesendet.

- **Richte ein persönliches Profil ein** - dieses muss nicht sehr ins Detail gehen, aber wenn du dich bei mehreren Outsourcing-Dienstleistern registrierst, dann kann es sehr zeitaufwändig werden. Darum ist es ratsam deine Daten in einem Word-Dokument oder Notepad abzuspeichern. So kannst du schnell und einfach alles was du benötigst kopieren und einfügen, ohne jedes Mal alles zu überdenken, was in deinem Profil stehen soll.

- **Füge ein Foto hinzu** - nicht jeder veröffentlicht gerne ein Foto von sich selbst, damit es jedermann sehen kann, doch es ist wichtig. Die Leute fühlen sich besser, wenn sie den Namen mit einem Gesicht verbinden können. Ein gesichtsloses Logo oder eine Karikatur können einfach nicht dieselbe Verbindung mit einer Person herstellen wie ein warmes, freundliches Gesicht.

Das Einrichten deines Profils auf den Internetseiten dieser Outsourcing-Dienstleister ist nicht schwer. Es kann jedoch sehr zeitaufwendig sein und du musst die Zahlungsdetails für deine finanziellen Transaktionen verifizieren, sowie deine E-Mail-Adresse bestätigen, doch sobald das alles erledigt ist, musst du es nicht wiederholen. Es kann wirklich eine ganz neue Welt für dich und dein Unternehmen eröffnen.

Outsourcing-Plattformen (englischsprachig)

Es gibt eine Vielzahl von englischsprachigen Outsourcing-Plattformen. Die meisten dieser Unternehmen funktionieren auf die gleiche Weise. Sie bieten in der Regel eine kostenlose Anmeldung an (als Käufer, der eine Arbeit ausschreiben will, sowie als Freiberufler, der eine Arbeit übernehmen möchte). Sie fungieren als Mittelsmann(-frau) zwischen dem Verkäufer und dem Käufer und so läuft die gesamte Kommunikation und finanzielle Transaktionen über die Plattform.

Dies bietet sowohl dem Verkäufer als auch dem Käufer eine notwendige Sicherheit, da es nicht wirklich ein finanzielles Risiko gibt (normalerweise wird eine Vorauszahlung gezahlt, wenn die Aufgabe zugeteilt wird und der Rest wird ausgezahlt, sobald die Aufgabe erledigt wurde). Ebenso gibt es die zusätzliche Sicherheit, dass der Verkäufer und Käufer eine professionelle Beziehung führen müssen,mit regelmäßiger Kommunikation und Aktualisierungen, und wenn diese Bestimmungen nicht eingehalten werden, dann gibt es Konsequenzen.

Ich habe untenstehend ein paar dieser Plattformen aufgeführt, doch diese Liste ist bei weitem nicht ausgeschöpft. Diese Unternehmen scheinen sehr schnell zu wachsen, was wiederum viel darüber aussagt, wie „klein" die Arbeitseinheiten sind, für die sich Unternehmen entscheiden.

People Per Hour www.PeoplePerHour.com

Mit dem Hauptsitz in Großbritannien und Niederlassungen in Athen und New York bietet People Per Hour Freiberuflern auf der ganzen Welt die Möglichkeit ihre Fähigkeiten anzubieten. Die Seite behauptet die „britische Nummer 1 der Seiten für Freiberufler" zu sein und ermöglicht Unternehmern, Arbeitsplätze zu veröffentlichen und Freiberufler dafür anzuwerben. Es gibt eine spezielle „Stunden"-Sektion, in der Freiberufler eine stündliche Arbeit und Lohn anbieten (manchmal sind diese auch ziemlich sonderbar). Die

Bewertung von Käufern sowie Verkäufern ist ein Muss, wie beim Großteil dieser Plattformen, und das gibt dir einen guten Einblick in das, was du für dein Geld bekommst.

oDesk www.odesk.com

oDesk verfügt über einen Geschäftssitz in London und Kalifornien. Die Seite rühmt sich damit, der „weltweit größte Online-Arbeitsplatz zu sein, wo versierte Unternehmen und Freiberufler zur Arbeit gehen!". Sie ist ein wenig anders als viele der anderen Plattformen, da man als Freiberufler verschiedene Tests machen kann. Auch diese ist eine ziemlich narrensichere Seite in der Bedienung. Trotzdem ein Wort der Warnung... wenn es um Gebühren geht, verlangt oDesk eine zusätzliche Gebühr von 10%, die in der Regel nicht im Preis des Freiberuflers enthalten ist. Ich weiß nicht, ob das ein großer Grund zur Sorge für dich ist, wenn die Arbeit nur 40 britische Pfund ausmacht – und die Gebühr von 4 britischen Pfund nicht zu teuer ist. Wenn du aber 100 britische Pfund und mehr für eine Arbeit zahlst, lohnt es sich deinen Freiberufler zu fragen, ob diese zusätzlichen 10% in seinem Preis inkludiert sind. Auf diese Weise bekommst du keinen Schock, wenn die Gebühr von 10% hinzugefügt wird, vor allem, wenn es sich um ein großes oder langfristiges Projekt handelt.

Elance www.elance.com

Wenn du auf „über 2 Millionen qualifizierte Freiberufler aus aller Welt" zugreifen willst, dann ist Elance der richtige Outsourcing-Anbieter für dich. Er verfügt über „mehr als 2 Millionen qualifizierte Freiberufler aus aller Welt" und das Unternehmen befindet sich in Mountain View, Kalifornien, USA. Die Freiberufler müssen sich Tests unterziehen, um deren Wert auf Elance zu beweisen und um so mehr sie sich unterziehen, desto wahrscheinlicher ist es, von einem Inhaber eines Unternehmens für eine bestimmte Arbeit ausgewählt zu werden.

Freelancer www.freelancer.com

Freelancer hat seinen Geschäftssitz in Australien, doch es gibt auch schwedische und europäische Verbindungen. Diese Seite behauptet „die Nummer 1 Ressource für kleine Unternehmen und Unternehmer zu sein und verbindet fast 11 Millionen Freiberufler und Unternehmer aus der ganzen Welt". Du kannst nach Freiberuflern aus bestimmten Ländern oder an geografischen Standorten suchen oder nach ihren Fähigkeiten, welche du für deine Bedürfnisse am Nützlichsten hälst.

Craigslist www.craigslist.co.uk

Nun, man sollte zuerst klarstellen, dass Craigslist nicht nur eine Outsourcing-Plattform ist. Sie ist technisch gesehen „eine Kleinanzeigen-Internetseite mit Abschnitten zu Arbeitsplätzen, Wohnungen, Personal, Verkäufe, gesuchte Artikel, Dienstleistungen, Gemeinschaften, Gigs, Lebensläufe und Diskussionsforen". Offensichtlich sind wir nur an der Rubrik „Arbeitsplätze" interessiert, doch es ist eine tolle Möglichkeit um lokale Unternehmer mit lokalen Freiberuflern zu verbinden. Die Newcastle/NE England Craigstlist zum Beispiel, bietet (zu diesem Zeitpunkt) eine ganze Reihe von Arbeitsplätzen an, von der Buchhaltung bis zum Schreiben und während die meisten davon für den Online-Support sind, gibt es hier ein paar Arbeitsplätze, die auch einen Support vor Ort erfordern. Also, wenn du vor allem einen Support vor Ort suchst, könnte die dir am nächsten-liegende Craigslist ein geeigneter Ort sein, um die Suche zu beginnen.

Fiverr www.fiverr.com

Diese Seite wurde als eine Mikro-Outsourcing-Internetseite klassifiziert und ist bestens für diejenigen geeignet, die ein wirklich kleines Budget haben. Es gibt Tausende Freiberufler auf Fiverr und das Spektrum der Aufgaben, die sie für nur US$ 5 für dich erledigen, ist ziemlich umfangreich. Die Seite behauptet „der weltweit größte Marktplatz für Dienstleistungen ab US$ 5" zu sein. Lass dich aber nicht von diesem günstigen Preis abschrecken.

Nur weil es US$ 5 sind, bedeutet dies nicht zwangsläufig, dass die Qualität schlecht ist. Die Freiberufler benötigen gute Bewertungen und darum ist es wichtig für sie, eine großartige Arbeit abzuliefern. Die meisten dieser Freiberufler bieten auch Extras und verrechnen zusätzliche US$ 5, wenn du die Arbeit z.b. in nur 24 Stunden geliefert haben möchtest. Oder wenn du einen Artikel benötigst und z.b. weitere 400 Wörter hinzufügen möchtest, dann bezahlst du einfach weitere US$ 5. Es gibt viele verschiedenen Möglichkeiten, wie Freiberufler mit den Extras ihr Einkommen verbessern können. Das Wichtigste ist, dass du mit diesen Bolt-on- Services auch genau die Art von Service erhälst, den du wirklich willst und auch innerhalb der Zeitskala, die du dir vorstellst.

Fivesquids www.fivesquids.co.uk

Fivesquids ist das britische Äquivalent und, ja, du hast es erraten, die Freiberufler dort bieten ihre professionellen Arbeiten ab einem Startpreis von £ 5 (ca. 6 Euro) an. Die Seite behauptet, die „einfachste Handelsplattform für Fähigkeiten ab £ 5" zu sein.

Freelancers in the UK www.freelancersintheuk

Freelancer in the UK (Freiberufler in Großbritannien) ist eine Internetseite für „Freiberufler, Berater und Einzelkaufleute, um ihre Fähigkeiten und Dienstleistungen anzubieten, sowie als Quelle für freie Aufträge".

Zusätzlich zu diesen Plattformen gibt es auch noch ein paar, die ich nachstehend aufgeführt habe. Ich habe mir nicht die Freiheit genommen, dir einen Überblick über diese Plattformen zu geben, denn ich will dich nicht mit jeder verfügbaren Wahl überwältigen. Doch ich bin mir sicher, dass – wenn dich eine oder mehrere dieser Seiten interessiert – du diese selbst erforschen kannst.

(für sehr kreative Freiberufler)

(verbindet Unternehmen mit Studentenjobs und freiberuflichen Studenten und hilft Unternehmen beim Outsourcing von britischen Kandidaten")

(diese Plattform verlangt keine Transaktionsgebühr oder Kommissionen)

Ein Überblick

Alle dieser Outsourcing-Plattformen haben ihre bestimmten Vor- und Nachteile, und der beste Weg, um herauszufinden, welche am besten deinen Bedürfnissen entspricht, ist es, Aufgaben zu erstellen (anfangs kleine, einfach überschaubare) und sich auf die Suche nach Freiberuflern zu machen.

Wenn du dennoch eine schlechte Erfahrung mit einer dieser Outsourcing-Plattformen machst, dann gib bitte nicht gleich auf. Raff dich auf, lerne daraus und finde einen anderen Freiberufler. Dies ist alles Teil der Lernkurve und es wird wirklich nicht lange dauern, bis du diese Kunst auch beherrschst. Du wirst die schnellste und raffinierteste Möglichkeit herausfinden, um Arbeitsplätze auszuschreiben, deinen potenziellen Freiberufler unter die Lupe zu nehmen, deine Aufträge weiterzugeben und deine Bewertung innerhalb kurzer Zeit zu erledigen.

Noch ein Wort des Rats bevor du überhaupt jemandem einen Auftrag erteilst – achte immer darauf, dass du das Profil jedes potentiellen Freiberuflers gut durchliest. Vielleicht haben sie ein tolles Bild und sogar ansprechende Tags, aber du musst herausfinden, ob er oder sie auch das Geld wert ist, wenn ich mich so ausdrücken darf.

Also versichere dich, dass du ihre Bewertungen auch gründlichst durchliest. Natürlich könnte immer ein Miesmacher darunter sein, der sich gerne über alles beschwert. Doch wenn jemand 3.000 Bewertungen hat und weniger als 10% davon sind schlecht , dann würde ich schon sagen, dass es sich um einen Freiberufler handelt, in den sich eine Investition lohnt.

Wenn möglich, solltest du auch immer um eine Arbeitsprobe bitten. Diese bestätigt die Bewertungen und gibt dir ein gutes Gefühl für den Qualitätsstandard. Wenn dir jemand gar keine Arbeitsprobe liefern möchte, dann lohnt es sich vielleicht überhaupt nicht, diesem Freiberufler weiter nachzulaufen.

Wenn du ein wenig Zeit und Mühe in die Suche deines Freiberuflers investierst, reduzierst du damit eigentlich das Risiko beim Vergeben deiner Aufträge. Und hoffentlich werden damit die Chancen auf schwere Fehler so vollständig vermieden.

Preise: Fixgebühr versus Stundensatz

Die Entscheidung über dein Budget kann tückisch sein, wenn du dich erst etablierst. Darum ist mein Rat, dass du eine Fixgebühr für alle Aufträge, die du veröffentlichst, wählst. Ich denke, dass Stundensätze viel zu kompliziert werden, und sie basieren auf jeder Menge Vertrauen zwischen Käufer und Verkäufer. Und wenn du mit einer völlig unbekannten Person zusammenarbeitest, dann ist es nicht immer der beste Weg.

Ich würde dir nur zum Stundensatz raten, wenn du dir sicher bist, dass deine Aufgabe weniger als z.B. 2 Stunden in Anspruch nimmt. Aber gehe immer mit Vorsicht vor.

Das bedeutet aber auch nicht, dass die Fixgebühr immer die einfachste Möglichkeit ist. Denn wie solltest du überhaupt wissen, was ein fairer Preis ist?

Am besten siehst du dich um, um herauszufinden, wie die Preiserwartungen anderer Leute sind. Suche nach der Art der Aufgabe, die du benötigst und wähle hier die „Fixgebühr"-Optionen, wenn möglich, und schlussendlich wirst du ein Gefühl dafür bekommen, wie hoch die gängige Gebühr ist.

Berücksichtige auch, dass – wenn du nach etwas suchst, das so günstig wie möglich durchgeführt werden sollte – die Freiberufler der besseren Qualität erst gar nicht auf deine Aufgabe sehen. Es ist besser, einen vernünftigen Preis auszuschreiben und dann aus den „hochwertigeren" Freiberuflern auszusuchen, als die Besten der günstigeren Arbeitskräfte zu bekommen.

Vergiss diese weisen Worte nicht ... wenn man günstig kauft, dann kauft man zweimal! Und während günstig, denke ich, okay ist, wenn du auf Fivesquids oder Fiverr bist, dann solltest du auch an deine Zeitinvestition denken.

Nehmen wir zum Beispiel an, dass du ein neues Logo von den kreativen Köpfen von Fiverr oder Fivesquid erstellt haben möchtest. Du bittest *Logos R Us* danach, es für dich zu designen, weil a) keine anderen Aufträge in der Warteschlange sind, und b) sie die Arbeit in weniger als zwei Tagen abliefern. Du siehst dir die Bewertungen an und obwohl alles in Ordnung ist, sind diese nicht besonders herausragend. Doch du willst die Arbeit schnell erledigt haben und entscheidest dich darum für *Logos R Us.*

Du zahlst die US$ 5 oder £ 5 und informierst die *Logos R Us*-Designer. Ein paar Tage später hast du immer noch nichts von ihnen gehört, so dass du ihnen eine E-Mail sendest und wartest. Du wartest und wartest.

Du gibst ihnen den Vorteil des Zweifels und gibst ihnen noch einen Tag dazu, doch es rührt sich immer noch nichts. Am nächsten Tag wirst du ungeduldig und schreibst noch eine E-Mail. Zum Glück bekommst du dieses Mal eine Antwort und du erhälst ein schreckliches Logo, welches, ehrlich gesagt, sogar ein Dreijähriger geschafft hätte.

Den nächsten Tag verbringst du mit den Änderungen, Verbesserungen und Aktualisierungen, ein Hin und Her und du bist wirklich gestresst wegen der ganzen Sache. Am Ende akzeptierst du etwas, was eigentlich nur als das Beste einer schlechten Arbeit bezeichnet werden kann - einfach nur um diesen Kerl loszuwerden.

Nun gut, du hast daraus gelernt. Du weißt nun, dass du nie wieder *Logos R Us* beauftragen wirst, aber du befindest dich wieder am Anfang.

Dieses Mal beauftragst du *A1 Logos*, die du von vornherein hättest wählen sollen. Der Hauptgrund, warum du sie nicht gewählt hattest, war, dass sie vier Tage für die Aufgabe benötigen. (Aber ironischerweise hast du sowieso bereits vier Tage an dieses Projekt verschwendet.) Also wählst du *A1 Logos*, sie vollbringen eine tolle Arbeit, kommunizieren regelmäßig und liefern ein A1-Logo für dich ab. Wenn du dieses zweite Szenario gleich gewählt hättest, hättest du dir viel Stress erspart und, natürlich, hättest du eine viel bessere Outsourcing-Erfahrung gemacht.

Auf der anderen Seite gibt es natürlich auch viele Vorteile, um aus dieser Erfahrung zu lernen.

Du musst verstehen, dass viele dieser Freiberufler über eine Vielzahl an Fähigkeiten verfügen. Wenn du also jemanden findest, mit dem du wirklich zufrieden bist und der deine Aufgabe mit Bravour und termingerecht abliefert, dann wirst du ihn auch für die Zukunft in Anspruch nehmen. Wenn er aber eine lächerliche Animation für deine Internetseite erstellt hat, dann stehen die Chancen für diesen Freiberufler schlecht, dass du ihn wieder beauftragen wirst. Wenn du jetzt aber weißt, dass es sich um

Photoshop-Experten handelt oder dass sie einfach fantastische Powerpoint-Präsentationen oder Videos erstellen, dann bin ich mir sicher, dass du auch ihre anderen Dienstleistungen nutzen wirst.

Doch beachte hier mein Mantra... nachforschen, nachforschen, nachforschen. Selbst wenn dir die Zusammenarbeit mit diesem Freiberufler sehr gefällt und du mehr als zufrieden mit den Ergebnissen der vorherigen Aufgabe bist, schau dir trotzdem nochmals genau das Profil an. Suche nach Bewertungen von Photoshop- oder Powerpoint-Arbeiten oder Videoerstellungsarbeiten, bei was auch immer du Hilfe benötigst. Vergiss nicht, dass – obwohl du dir über deren Arbeitsethik und Professionalität keine Sorgen mehr machen musst – du trotzdem ihre Fähigkeiten zu dieser Arbeit kennen solltest. Sie könnten vorgeben, Alleskönner zu sein, nur um sich ein zusätzliches Einkommen zu verdienen. Darum solltest du dich versichern, einen zufriedenen Kunden zu finden, der dem Freiberufler ungefähr die gleiche Arbeit zuteilte, bevor du ihm die deine anvertraust.

Wenn du einen tollen Freiberufler gefunden hast, dann denk daran, dass viele dieser Internetseiten ermöglichen, ein Trinkgeld auszustellen. Wenn du ihm zeigen möchtest, dass du sehr zufrieden mit seiner Arbeit bist, dann kannst du ihm einen Bonus ausstellen!

Es ist wichtig, den Freiberuflern mitzuteilen, warum sie das Trinkgeld überhaupt erhalten. Teile ihnen mit, dass es aufgrund ihrer Schnelligkeit und der fantastischen Arbeitsqualität ist. Das bedeutet, dass sie nun wissen, was dir gefällt und was du bei zukünftigen Aufgaben von ihnen erwartest. Und in 9 von 10 Fällen werden sie sich Mühe geben, überpünktlich abzuliefern oder genau die gleichen Standards zu erfüllen. Und die positive Bewertung wirkt sich auch IMMER fabelhaft aus! Jeder liebt eine positive Bewertung!

Auf diese Art kannst du wunderbar Beziehungen aufbauen und diese Leute werden schliesslich vertrauenswürdige Freiberufler, an die du dich immer und immer wieder wenden kannst – sie helfen deinem Unternehmenswachstum langfristig. Auf der anderen Seite bietest du deinen Freiberuflern ein reguläres Einkommen und das ist ein tolles Gefühl. Wer weiß was kommt, denn es besteht immer die Möglichkeit, diese Personen fix an Bord zu holen. Ich kenne viele Leute, die ihre wertvollsten virtuellen Assistenten oder Werbetexter über eine dieser Outsourcing-Plattformen gefunden haben.

Also, nochmals zusammengefasst... erledige deine Nachforschungen und plane im Voraus. Das Vorausplanen bedeutet, dass wenn du vier Tage warten musst, damit dein Lieblings-Designer eine Aufgabe für dich erledigt, dann ist das okay. Es ist besser auf die Arbeit eines großartigen Freiberuflers zu warten, als einen Eilauftrag zu erhalten, nach dem du wahrscheinlich sowieso jemand anderen beauftragen musst.

Ausschreiben von Arbeitsstellen auf Outsourcing-Plattformen

Wenn du eine der Outsourcing-Plattformen verwenden möchtest, die in meinen vorherigen Kapiteln behandelt wurden, dann benötigst du nun ein paar Vorlagen hierfür. Dies erspart dir nicht nur jedes Mal Mühen und „Denkzeit" , wenn du einen neuen Job ausschreibst, sondern wird auch sicherstellen, dass du nichts Wichtiges vergisst.

Folgendes solltest du nicht vergessen, wenn du eine Arbeitsstelle ausschreibst:

1. Spiele nach den Regeln - dies ist sehr wichtig, denn wenn du dich nicht an die Richtlinien und Bedingungen hälst, die von einer bestimmten Plattform aufgestellt werden, dann könnte deine Arbeitsstelle vielleicht gar nicht veröffentlicht werden. Mit den Worten von People Per Hour: „Moderator-Ninjas nehmen sie raus, schneller als Sie glauben!"

2. Versichere dich, dass du eine genaue Beschreibung der Arbeit ablieferst. Ungenaue Stellenbeschreibungen können zu Missverständnissen führen, darum solltest du dies unter allen Umständen vermeiden. Wenn du dir nicht sicher bist, dann überprüfe lieber zweimal, ob das „Wer", „Was" und „Wann" beschrieben wurden (man muss nicht das „Warum" und „Wie" inkludieren!). Darum solltest du über folgendes nachdenken:

   a. **Wer** sollte sich für diesen Job bewerben? Werbetexter? Webdesigner? Videoeditoren? Logodesigner? Schreibkräfte? etc.
   b. **Was** sollte der Beauftragte erledigen? zB. Ich möchte, dass Sie einen 500-Wort-Blog schreiben.
   c. **Wann** sollte die Aufgabe abgeliefert werden? Gib deine Frist genau an.

3. Biete einen realistischen Betrag - wie ich bereits erwähnte, ist es wichtig, dass du deiner Aufgabe kein mickriges Budget zuteilst, denn sonst wird jeder Billigarbeiter sich dafür bewerben wollen, während die wertvolleren Freiberufler sich deiner Arbeitsausschreibung gar nicht erst widmen werden.

4. Versichere dich außerdem, dass du der Arbeitsstelle keine Kontaktdaten hinzufügst. Die gesamte Kommunikation wird über dein Profil abgewickelt. Jegliche externe Kommunikation wird nicht geduldet.

Wenn du also eine Arbeitsstelle auf People Per Hour ausschreibst, kannst du dir das folgende Beispiel ansehen. So einfach funktioniert es:

Frage: Welche Arbeit soll erledigt werden?

Antwort: Ich benötige jemanden, der meinen Blog schreibt.

Wähle eine Kategorie: Schreiben.

Unterkategorie: Blog & Artikel schreiben

Anzahl der Artikel: 5

Wörter pro Artikel: **500**

Blog/Webseiten-Url: nicht zutreffend

Information für Blog/Webseite:

- Das Unternehmen bietet virtuelle Asisstenten-Dienstleistungen für Unternehmer weltweit an

Branche: Unternehmen

Thema: Soziale Medien, Delegation, e-Marketing, Zeiterfassungssoftware, Zeitmanagement

Art: Informelles

Gliederung & Aufbau:

- 1x Blog mit dem Titel "Mutterschaft und Geschäft jonglieren"
- 1x Blog mit dem Titel "Steigere dein Geschäft und DELEGIERE!"
- 1x Blog mit dem Titel "Zeiterfassungssoftware für Anfänger."
- 1x Blog mit dem Titel "e-Marketing für den Unternehmer".
- 1x Blog mit dem Titel "Soziale Medien für Einsteiger".

Alle letzten Absätze sollten den Blog und Link in den von uns gebotenen Dienstleistungen zusammenfassen.

Umfangreiche Nachforschung: Ja

Zusätzliche Hinweise: nicht zutreffend

Hochladen von Arbeitsproben: Siehe angehängte, vorherige Blogs

Erwartetes Budget: (Fixpreis oder Stundenlohn) – für solch eine Arbeit ist der Fixpreis am besten geeignet

Arbeitsbeschreibung: Wir suchen nach einem fantastischen Blogschreiber, der einen erfrischenden und einzigarten Stil des Blog-Schreibens beherrscht. Die Themenbereiche wurden oben beschrieben. Wir möchten keine abgenutzten Artikel, sondern eine einzigartige Arbeit, die den Leser begeistern wird. Diese Arbeit könnte zu einem regulären Arbeitsverhältnis für den richtigen Freiberufler werden. Bitte bewerben Sie sich nicht, wenn Sie diese 5 Blogs nicht innerhalb von 7 Tagen ab der Bewerbung fertigstellen können.

Und hier findest du ein weiteres Beispiel, diesmal für den Verwaltungsarbeit/Dateneingabe.

F: Welche Arbeit soll erledigt werden?

A: Ich benötige jemanden, der eine Dateneingabe-Aufgabe für mich erledigt.

Wähle eine Kategorie: Verwaltung

Unterkategorie: Dateneingabe

Beschreibung: Ich habe 200 Visitenkarten, die ich bei Netzwerk-Treffen vor Ort gesammelt habe und ich möchte, dass die Details dieser Visitenkarten meiner CRM-Datenbank hinzugefügt werden.

Die Dateneingabe-Aufgabe sollte innerhalb von 3 Tagen ab der Arbeitszuteilung fertiggestellt werden, darum bitte ich Sie, sich nicht zu bewerben, wenn Sie diese Frist nicht einhalten können.

Und hier ist eine weitere und zwar für eine Video/Audio-Bearbeitungsaufgabe .

F: Welche Arbeit soll erledigt werden?

A: Ich benötige jemanden, der das Audio meiner Videos bearbeitet.

Wähle eine Kategorie: Video, Foto & Audio

Unterkategorie: Audiobearbeitung

Beschreibung: Ich habe 3 Videos, die 20 Minuten lang sind und auf 15 Minuten gekürzt werden müssen.

Ich suche jemanden, der Sachkenntnisse in diesem Gebiet hat und diese Aufgabe kompetent erledigen kann.

Diese Aufgabe sollte innerhalb von 5 Tagen nach Zuteilung erledigt werden, darum bitte ich, dass sich niemand für diese Arbeit bewirbt, der diese Frist nicht einhalten kann.

Wenn du eine Arbeit für einen Logo-Designer ausschreiben möchtest, dann findest du hier ein passendes Beispiel.

F: Welche Arbeit soll erledigt werden?

A: Ich benötige jemanden, der ein neues Logo für mein Unternehmen kreieren kann.

Wähle eine Kategorie: Design

Unterkategorie: Logodesign

Beschreibung: Information über das Unternehmen: Modelinie, für jedermann, überall.

Information über das Unternehmen: Wir sind ein Catering-Unternehmen.

Branche Lebensmittel & Getränke

Logotyp Abstrakt

Markenname/Slogan im Logo: Great Grub

Ideen für den visuellen Stil: Ich bin offen für Ideen, doch hätte ich gerne ein Messer und eine Gabel irgendwo integriert.

Was soll vermieden werden: Text im Logo. Ich möchte ein abstraktes Logo, bitte kein Wortlogo.

Wo wird das Logo verwendet: Briefkopf, Internetseite, soziale Medien, Marketingmaterialien und Uniformen.

Zusätzliche Hinweise: Bitte behalten Sie eine einfache und moderne Form.

Ich hätte gerne die originale PSD-Datei.

Ich möchte, dass das Logo mit Adobe Photoshop erstellt wird.

Diese Aufgabe soll innerhalb von 5 Tagen nach Zuteilung der Arbeit fertiggestellt werden. Bitte bewerben Sie sich nicht, wenn Sie diese Frist nicht einhalten können.

Wenn du bei Wordpress Unterstützung benötigst, dann findest du hier ein Beispiel für die Stellenausschreibung.

F: Welche Arbeit soll erledigt werden?

A: Ich benötige jemanden, der Plug-ins meiner Wordpress-Seite hinzufügt und ein paar Fehler behebt.

Wähle eine Kategorie: Web-Entwicklung

Unterkategorie: Wordpress

Beschreibung: Ich möchte gerne 3 Plug-ins meiner Wordpress-Seite hinzufügen und 6 Fehler beheben lassen.

Ich suche jemanden, der Fachkenntnisse in diesem Gebiet hat und diese Aufgabe kompetent erledigen kann. Ich bin mir bewusst, dass Sie für die Aufgabe meine Login-Daten benötigen und das ist kein Problem.

Diese Aufgabe sollte innerhalb von 24 Stunden nach Zuteilung fertiggestellt werden. Bitte bewerben Sie sich nicht für diese Aufgabe, wenn Sie den Termin nicht einhalten können.

Und wenn du jemanden benötigst, der Nachforschungen für dich erledigen sollte, dann findest du hier ein Beispiel für eine solche Ausschreibung.

F: Welche Arbeit soll erledigt werden?

A: Ich benötige jemanden, der Nachforschungen für mich erledigt.

Wähle eine Kategorie: Soziale Medien

Unterkategorie: Community Management (Gemeinschaftsverwaltung)

Beschreibung: Ich benötige jemanden, der Nachforschungen für mich erledigt. Ich schreibe ein Buch und hätte gerne einen Überblick über Facebook, Twitter, LinkedIn, Pinterest und Google+.

Neben der Bereitstellung einer Liste an Links, die potentielle Nachforschungsgebiete näher beschreiben, hätte ich gerne eine Liste der Vorteile und Nachteile der Verwendung dieser unterschiedlichen sozialen Medien.

Ich suche nach einem guten Nachforscher, der die Fähigkeit hat, diese Informationen für mich zusammenzustellen und mich mit geeigneten Links versorgt, um die Nachforschungen zu vertiefen.

Diese Aufgabe sollte innerhalb von 5 Tagen nach Zuteilung abgeliefert werden. Bitte bewerben Sie sich nicht, wenn Sie nicht in der Lage sind, diese Frist einzuhalten.

Erkennst du, wie sich diese Ausschreibungen bezüglich der Arbeitsbeschreibungen leicht ändern? Einige benötigen relativ wenig Informationen und bei einigen musst du eine ziemlich lange Liste an Unterkategorien ausfüllen (siehe Beispiel des Blog-Schreibers). Wichtig ist jedoch, dass du immer alles leicht verständlich erklärst. Du musst so viele relevante Details über die Arbeit wie möglich bereitstellen. Wenn du das nicht tust, dann wirst du mit Fragen von potentiellen Bewerbern bombardiert werden.

Tipp zur Effizienz: Wenn du diese Outsourcing-Plattformen regelmäßig verwenden möchtest, dann ist es ratsam, einige Mustervorlagen zu erstellen. Speichere sie als Word-Dokumente oder auf deinem Notepad und die Informationen werden – wenn benötigt – abrufbar sein. Es ist wahrscheinlich auch eine gute Idee, einen kleinen Überblick über dein Unternehmen vorzubereiten (wenn du diese Informationen teilen möchtest und sie tatsächlich relevant sind), so dass potentielle Freiberufler eher ein Gefühl für dein Unternehmen bekommen. Dies ist besonders nützlich, wenn die Aufgaben auf kreativer Basis sind, wie z.B. Blog-Schreiben, Werbetexte für Web-Inhalte und/oder Design-Arbeit.

Natürlich basieren die angeführten Beispiele auf der Plattform People Per Hour und wenn du eine andere Plattform verwendest (z.B. Elance, Fiverr oder Guru) dann gibt es Abweichungen bei der Art von Informationen, die man dort benötigt. Doch im Grunde ähneln sich die Beschreibungen sehr.

Outsourcing in andere Länder

Wenn du im Internet suchst, findest du viele Unternehmer, die vom Fachwissen der virtuellen Arbeiter auf den Philippinen schwärmen. Auch findest du Unternehmer, die sich wünschen, ihre Call Center bereits vor Jahren nach Indien ausgelagert zu haben. Und du wirst viele fantastische Geschichten über Web-Designer in Südafrika hören, deren Fachwissen einfach nicht übertroffen werden kann.

Doch wie bei jedem Aspekt des Outsourcing solltest du die wahren Vor- und Nachteile von Outsourcing in andere Länder bedenken. Hier sind ein paar Ideen, die du bei deinem geplanten Weg berücksichtigen solltest.

Die Vorteile von virtuellen Assistenten und/oder virtuellen Arbeitern in verschiedenen Ländern

Kosten - Dies ist einer der Hauptgründe, warum das Outsourcing in Länder wie Indien und den Philippinen immer beliebter wird. Freiberufler in diesen Ländern können ihre Fähigkeiten zu viel niedrigeren Preisen als in westlichen Ländern anbieten.

Fachkompetenz - Arbeiter aus diesen Ländern können dich mit der Fachkompetenz versorgen, die dein Unternehmen benötigt (ebenfalls zu einem kostengünstigeren Preis). Sie werden auch sehr wahrscheinlich hart arbeiten und gute Ergebnisse abliefern, weil sie daran interessiert sind, von dir mit langfristigen Projekten beauftragt zu werden.

Produktivität rund um die Uhr - eine andere Zeitzone bedeutet, dass dein Unternehmen – auch während du schläfst – Geld macht. Du wachst um 6 Uhr morgens auf und siehst, dass dein Unternehmen weitergearbeitet hat, während du deine Energie auftanken konntest. 24/7 Produktivität führt zu einem erhöhten Umsatz und das will ja schliesslich jeder!

Unternehmenswachstum - die Kombination von geringeren Kosten, höherer Produktivität und die Suche nach Experten für die

Durchführung bestimmter Aufgaben für dein Unternehmen wird dir einen starken Vorteil gegenüber deinen Mitbewerbern zusichern.

Die Nachteile von virtuellen Assistenten und/oder virtuellen Teams in anderen Ländern:

Kommunikationsunterbrechungen - während die Aussicht auf eine 24/7 Produktivität sehr verlockend ist, hat es auch einen negativen Aspekt. Aufgrund der Unterschiede in den Zeitzonen kann man zum Beispiel nicht immer mit jemandem auf der anderen Seite der Welt sprechen. E-Mails können verzögert beantwortet werden und die Effizienz des Übersee-Outsourcing kann nie vollständig realisiert werden.

Kulturelle Unterschiede - manchmal kann es beim Outsourcing in Länder wie Indien oder den Philippinen sprachliche und/oder kulturelle Barrieren geben. Wenn Englisch nicht die Muttersprache des virtuellen Arbeiters ist, dann kann es leicht zu einem Kommunikationsabbruch führen und dies wiederum zu Frustration und reduzierter Produktivität.

Datenschutz - obwohl eine Vertraulichkeitsvereinbarung und ein strenges Datenmanagement-System immer angewendet werden soll, kann der Datenschutz beim Übersee-Outsourcing ein großer Nachteil sein. Außerdem muss man sich auch über den Datenverlust Gedanken machen, weil die Folgen, private und vertrauliche Kundendaten zu verlieren, katastrophal sein können.

Kosten - wenn deine allgemeinen Geschäftsbedingungen nicht klar definiert und vereinbart werden, könnten versteckte Kosten beim Outsourcing in ein anderes Land auftreten.

Risiken – solltest du etwas wie Call-Center-Verträge fremd beschaffen wollen, dann musst du unbedingt die verbundenen Risiken verstehen. Unsachgemäß geführte Call-Center können verheerende Auswirkungen auf dein Unternehmen haben.

Es ist klar, dass das Outsourcing in Ländern wie Indien und den Philippinen einige sehr attraktive Vorteile hat, wie zB. die Flexibilität, höhere Produktivität und finanzielle Vorteile. Doch die Nachteile sind auch sehr klar. Wenn du also diesen Weg einschlagen möchtest, dann bitte denk an mein Motto - Nachforschung, Nachforschung, Nachforschung.

Wie du dein virtuelles Team motivierst

Eine der Herausforderungen bei der Arbeit mit einem virtuellen Team ist es, alle motiviert zu halten. Während es für die virtuellen Arbeiter wichtig ist, ihre eigene Motivation zu finden (sonst würden sie nie in diesem umkämpften Markt überleben können), kann es manchmal schwierig werden.

Um also dein virtuelles Team zu motivieren, musst du ständig jeden einzelnen antreiben. Dies kann in vielerlei Weisen erfolgen und hängt natürlich von den Persönlichkeiten, Verantwortungsstufen und der Aufgabenstellung an, doch hier haben wir ein paar Ideen für dich.

Behalte eine fließende Kommunikation bei

Wenn du mit jemandem regelmäßig zusammenarbeitest, dann ist es wichtig, dass die Kommunikation nie unterbrochen wird. Vielleicht arbeitest du mit einem virtuellen Assistenten zusammen, dem du eine bestimmte Anzahl an Stunden pro Woche zugeordnet hast. Wenn dies der Fall ist, dann ist es ratsam, mindestens einmal pro Woche miteinander zu sprechen. Und es muss nicht unbedingt über das Telefon sein. Du könntest zum Beispiel:

- **Skype** verwenden: von Angesicht zu Angesicht miteinander zu sprechen, ist eine tolle Möglichkeit. Es stärkt nicht nur deine Verbindung mit deinen Assistenten und die Arbeitsbeziehung, sondern es gibt dir auch die Möglichkeit, mehrere Punkte anzusprechen, wie zum Beispiel bei einem normalen Telefonanruf.

Die Kommunikation von Angesicht zu Angesicht gibt dir auch die Gelegenheit, das Verständnis zu stärken und sicherzustellen, dass dein virtueller Arbeiter glücklich mit den Aufgaben ist, die du ihm zugewiesen hast. Aus betriebswirtschaftlicher Sicht kannst du auch die nonverbalen Kommunikationszeichen wählen, wenn z.B. ein gewisses Problem auftritt. Und es gibt dir auch die Möglichkeit, dieses Problem zu lösen, bevor es zu etwas viel Schlimmerem eskaliert.

- **E-Mails**: E-Mails sind eine weitere gute Möglichkeit, um sich mit dem virtuellen Arbeiter zu verständigen, aber du solltest es nicht übertreiben. Folgendes kann passieren,wenn du das tust.

Nehmen wir zum Beispiel Maria. Sie ist eine erfolgreiche Unternehmerin, die ein Geschäftsrecruiting-Unternehmen besitzt. Da sie in einem sehr wettbewerbsintensiven Markt arbeitet, muss die Arbeit sehr schnell verwirklicht werden. Und sie versteht nicht wirklich, warum dies manchmal nicht möglich ist.

Oft schickt sie ihrem virtuellen Assistenten zwischen 20 und 30 E-Mails pro Tag. Sie schickt ihm einige dieser E-Mails, um nach den bisherigen Aufgaben zu fragen und dafür zu sorgen, a) dass sie schon durchgeführt wurden und b) um herauszufinden, was das Ergebnis war. Ein paar dieser E-Mails sind neue Aufgaben, die erledigt werden müssen, und einige sind nur Erinnerungen, dass „x", „y" und „z" unbedingt heute erledigt werden müssen. Sie ist eine sehr beschäftigte Frau und braucht jemanden, der ständig am Ball ist.

Paul ist ihr virtueller Assistent, und er wurde beauftragt für 20 Stunden pro Woche mit Maria zu arbeiten. Er arbeitet für sie von 9 bis 13.00 Uhr von Montag bis Freitag, und jongliert seine anderen Kunden rund um diesen Zeitplan.

Doch jetzt ist Paul manchmal sehr demotiviert bei der Arbeit für Maria.

Sie schickt ihm regelmäßig E-Mails nach 13 Uhr und obwohl er diese normalerweise erst ab 9 Uhr am nächsten Morgen beantworten würde, ruft sie ihn an, um a) sicherzustellen, dass er die E-Mail erhalten hat - was immer der Fall ist - und b) er es lesen und sich darum kümmern könnte, weil es dringend ist.

Dies führt nun zu einer erheblichen Frustration für Paul, weil er mit der Arbeit von anderen Kunden von 13 bis 17 Uhr zu tun hat und wenn Maria ihn davon ablenkt, verursacht dies Probleme. Nicht nur, dass er die Fristen seiner anderen geschätzten Kunden verlegen muss und er, ehrlich gesagt, Maria stets Vorrang vor den anderen geschätzten Kunden gibt, sondern er muss zusätzlich auch mit der Zeitüberwachung beginnen. Er muss eine tägliche, wöchentliche und monatliche Basis für Überstundenkosten für sie erarbeiten. Auch dies führt zu zusätzlicher Arbeit für ihn, aber was noch wichtiger ist: es kann zu einem ersthaften Mangel an Motivation führen.

Darum denk daran, dass, wenn du deinem virtuellen Arbeiter eine endlose Flut an E-Mails schickst, gefolgt von unnötigen Telefonanrufen, dann wundere dich nicht, wenn dein Arbeitsverhältnis nicht sehr lange andauert. Virtuelle Arbeiter legen nicht alle ihre Eier in einen Korb und als selbstständige Unternehmer müssen sie sich auch um andere Kunden kümmern.

Ein weiterer Tipp für das Kommunizieren über E-Mails ist, sich so kurz wie möglich zu halten. Wenn du ihm/ihr erklärst, wie er/sie die Aufgaben erledigen soll, dann verwende am Besten Stichpunkte und gib immer genaue Fristen an. Dein Assistent kann viel leichter mit einem Listenformat arbeiten, statt sich durch endlose Sätze und Absätze von Geschwätz zu arbeiten, ohne wirklich festzustellen, um was es genau bei der Aufgabe geht. Er/sie kann dadurch auch einen viel realistischeren Zeitplan für sich selbst erstellen, wenn er/sie genau weiß, wann die zu erledigende Aufgabe abgeliefert werden muss.

Die Zeit deines virtuellen Arbeiters ist genauso wertvoll wie die deine, darum versichere dich, dass du dies auch berücksichtigst und beide werden davon profitieren.

- **Telefonanrufe**: hier solltest du dich für einen Moment in die Lage deines virtuellen Arbeiters versetzen. Es hat den Vorteil, dass du mit jemandem sofort sprechen und dich schnell um ein Problem/eine

Aufgabe kümmern kannst. Es ist auch toll für die Stärkung eurer Zusammenarbeit, weil, und seien wir mal ehrlich, einige virtuelle Arbeiter verbringen den ganzen Tag alleine, ohne mit jemandem zu sprechen! Doch, genau wie bei der Kommunikation via E-Mail, kann es auch mit dem Telefonieren übertrieben werden.

Wenn du deinen Assistenten mehr als fünf Mal am Tag anrufst, dann wird dieser wohl ein wenig genervt sein. Es ist viel besser, wenn du eine fortlaufende Liste an Punkten in einem (längeren) Anruf am Tag unterbringst, als ihn fünfmal mit verschiedenen Themen zu unterbrechen. Somit kannst du und dein virtueller Assistent die Zeit besser nutzen, was wiederum die Produktivität erhöht und das alleine ist bereits eine tolle Motivation für beide.

- **Erstellen von Videoanleitungen**: Wenn dein Assistent relativ neu im Geschäft ist und du bestimmte Verfahren zur Erledigung von Aufgaben hast, dann lohnt es sich, Videoanleitungen zu erstellen. Dies ist eine großartige Einarbeitungshilfe und wenn das Video in einem einfachen Schritt-für-Schritt-Format aufgebaut ist, dann ist es großartig für das Vertrauen und die Motivation des Assistenten. Er wird in der Lage sein, sich an das Video zu richten, bis die betreffende Aufgabe ein Kinderspiel für ihn ist. Außerdem kannst du einen Videokatalog auf z.B. Dropbox oder einem anderen Cloud-Dateispeichersystem bereithalten, damit du dies nicht ständig für jeden neuen virtuellen Arbeiter wiederholen musst.

Sei fair bei deinen Abgabefristen

Wie ich bereits erwähnt habe, hat dein virtueller Arbeiter wahrscheinlich andere Kunden, für die er arbeitet. Und in diesem Sinne ist es wichtig, ihn jederzeit auf deiner Seite zu haben. Nun meine ich damit nicht, dass du den Arbeiter umgarnen musst, nur damit er etwas für dich erledigt... das ist wirklich schlecht für das Geschäft. Was du aber tun kannst, ist, ihm wirklich realistische Erwartungen mitzuteilen. Wenn jede Aufgabe, die du ihm gibst, dringend oder in den nächsten fünf Stunden für dich erledigt werden muss, dann wird er bald schon müde davon werden. Und wenn du mal wirklich eine sehr dringende Aufgabe hast, dann wird er diese wahrscheinlich gar nicht als solche schätzen, denn schließlich sind ja alle deine Arbeiten dringend!?

Lerne ihn/sie kennen

Generell solltest du eure Beziehung auf rein geschäftlicher Ebene behalten, doch für die Langlebigkeit der Zusammenarbeit mit deinem virtuellen Team würde ich dir raten, dass du dir die Zeit nimmst, sie kennenzulernen. Immerhin sind wir alle keine Roboter sondern Menschen und wenn du ein wenig Zeit mit ihnen verbringst und dein virtuelles Team besser kennenlernst, dann wirst du höchstwahrscheinlich bessere Ergebnisse erhalten .

Dies gilt für beide Seiten. Wenn du ihnen ein wenig über deine Familie und/oder über das erzählst, was du am Wochenende machst, dann tu es. Du musst ihnen nicht jedes kleinste Detail deines täglichen Lebens erzählen, aber das gelegentliche Erwähnen deines Sohnes, deiner Tochter oder deines Ehepartners stärkt die Geschäftsbeziehung sehr und macht dies auch viel einfacher.

Wenn du sie kennenlernst und herausfindest, wie sie arbeiten und die Art der Arbeit respektierst (auch wenn du weißt, dass es nicht gerade der einfachste Weg ist), kannst du dir sicher sein, dass sie eine wahrhaft gründliche Arbeit für dich erledigen. Wir alle praktizieren unterschiedliche Ansätze bei einer Aufgabe, und wenn du dir die Zeit nimmst, die Schwächen, Nuancen und Perspektiven deines virtuellen Teams zu verstehen, dann bist du auf dem besten Weg zum Erfolg.

Sei dankbar und teile es ihm/ihr auch mit...

Bewertungen und positive Kommentare sind immer ein toller Motivationsschub. Jemandem mitzuteilen, dass du seine/ihre Bemühungen zu schätzen weißt und dankbar für die brillante Arbeit bist, wird auf ihn/sie sehr ermutigend wirken.

Umgekehrt könnte es auch Zeiten geben, in denen du deinem virtuellen Team eine etwas weniger positive Bewertung gibst, und dies ist von entscheidender Bedeutung. Wenn diese Strategie richtig eingesetzt wird, kann dies trotzdem motivierend auf dein virtuelles Team wirken, denn wenn du ihnen mitteilst, was dir nicht gefallen hat, dann wird es sich beim nächsten Mal konzentriert anstrengen können, damit der Fehler in Zukunft nicht wieder passiert.

Bewertungen sind in einer virtuellen Beziehung immer wichtig. Ohne Bewertung gibt es keine Verbesserungen.

Feiern von Meilensteinen, Leistungen & Erfolgen

10 Minuten von deinem Zeitplan an einem Freitagmorgen zu verwenden, um ein Rundschreiben per E-Mail an dein vertrauenswürdiges virtuelles Team zu senden, wird deren Motivation deutlich steigern. Es muss nicht umfangreich sein, sondern einfach eine dankbare Nachricht für die wertvollen Beiträge, die Woche und den erreichten Einfluss. Dies könnte zum Beispiel über die Kundenzufriedenheit, Internetseiten-Besucher, Verkauf, Social-Media-Erfolge sein ... auch wenn es noch so ein kleiner Erfolg ist, solltest du dir die Zeit nehmen, um deinen Erfolg zu feiern. Es wird deinem Team ein Wohlgefühl geben.

Und falls es ein Arbeitsjubiläum eines Teammitglieds gibt, solltest du dich versichern, dass du diesen Mitarbeiter wissen lässt, dass du ihn als wichtig empfindest und seine Arbeit schätzt und ihn eventuell in der Team-E-Mail und/oder deiner Social-Media-Seite und/oder oder deinen Marketing-Materialien erwähnst.

Wer mit Erdnüssen bezahlt... wird von Affen bedient

Wenn du einen virtuellen Arbeiter gefunden hast, der sein Gewicht in Gold wert ist, dann belohne ihn auch dementsprechend. Hier kann ein bestimmter Wert nicht für alle angewandt werden, denn es gibt verschiedenen Standards bei virtuellen Arbeitern. Deinem Assistenten den wahren Wert zu bezahlen, kann der Unterschied zwischen einem langfristigen Geschäftsverhältnis sein und der Gefährdung, ihn an jemanden zu verlieren, der bereit ist, mehr für seine Arbeit zu bezahlen.

Also denk an das Sprichwort: „Wer mit Erdnüssen bezahlt, wird von Affen bedient".

Du solltest ihm nicht nur mehr als den durchschnittlichen virtuellen Arbeitslohn bezahlen. Gib ihm einen unerwarteten Bonus, wenn er die Arbeit gut und innerhalb der Frist abliefert. Gib ihm einen Bonus, wenn er die Aufgabe mehr als zu deiner Zufriedenheit erledigt hat oder sie so gut war, dass eine deutliche Steigerung deines Umsatzes erreicht wurde.

Finanzielle Anreize und Incentives sind eine tolle Möglichkeit, um deinen virtuellen Arbeiter zu motivieren.

Wenn du einen virtuellen Arbeiter über ein Outsourcing-Dienstleisterunternehmen findest, dann richte dich bitte nicht nach den niedrigen Preisen, für die er dort bereit ist zu arbeiten. Viele Freiberufler bieten ihre Dienste auf diesen Plattformen als eine Möglichkeit an, um:

1. sich zu etablieren und einen guten Ruf aufzubauen - manchmal ist dies die einzige Möglichkeit, dies zu tun - für einen Stundensatz zu arbeiten, den man außerhalb dieser Plattform sicher nicht akzeptieren würde.

2. herauszufinden, ob dies die Art von Arbeit ist, die zu einem passt. So könnte beispielsweise eine Schreibkraft als freier Mitarbeiter bei ein paar Transkriptions-Unternehmen angestellt sein. Doch wenn es bei einem davon ruhig ist, scheinen auch alle anderen ruhig zu werden. Darum sucht diese freiberufliche Schreibkraft nach anderen Möglichkeiten, wenn alle ihre anderen Arbeitgeber nicht ausreichend Arbeit bieten.

3. nach neuen Geschäftsbeziehungen zu suchen und diese zu binden. Oft sind diese Plattformen eine gute Möglichkeit, um Unternehmer mit Freiberuflern bekannt zu machen. Ich kenne einige Leute, die sich über diesen Weg kennengelernt und eine erfolgreiche und langfristige Geschäftsbeziehung entwickelt haben.

Vergiss nicht pünktlich zu zahlen!

Genauso wie das Zahlen deiner virtuellen Arbeiter nach deren Wert, ist es auch wichtig, diese pünktlich zu bezahlen. Dies ist eine der besten Motivationsmöglichkeiten bei der Arbeit mit Freiberuflern. Wir müssen alle unsere Rechnungen bezahlen. Wir arbeiten alle, um für unsere Familien zu sorgen und wir zählen darauf, dass dieses Geld entweder am Ende der Woche oder am Ende des Monats bezahlt wird.

Und es gibt nichts Schlimmeres, als Zahlungen nachzujagen. Dein Freiberufler hat nicht die Zeit dafür, um dich ständig daran zu erinnern, deine aktuelle Rechnung zu bezahlen und Mahnungen zu schicken. Kunden mit schlechten Zahlungsgewohnheiten kämpfen damit, treue Freiberufler zu finden, also solltest du nicht einer von ihnen sein. Bei Zahlungsverzug oder ständigen Nachfragen nach der Begleichung von Rechnungen könnte sich dein Freiberufler den Kunden vorrangig widmen, die sie pünktlich bezahlen. Du wurdest hiermit ermahnt!

Es kostet nichts, nett zu sein!

Respekt, Höflichkeit und Manieren kosten nichts. Und wenn du alle drei jedesmal verwendest, wenn du mit deinem virtuellen Arbeiter kommunizierst, dann wird er dich auf genau die gleiche Weise behandeln. Darum sei ein netter Kerl oder ein nettes Fräulein. Behandle deine virtuellen Arbeitnehmer als wertvolle „Angestellte" und nicht wie ein Arbeitstier, sonst ist deren Motivation und Respekt schon bald nicht mehr vorhanden.

Weise Aufgaben zu, die zu ihren Fähigkeiten passen

Eine Möglichkeit, das Selbstvertrauen deines virtuellen Arbeiters zu ruinieren, ist, ihm eine Aufgabe zuzuteilen, die er normalerweise nie annehmen würde. Zum Beispiel: gib deinem technisch begabten virtuellen Assistenten nicht die Aufgabe, dein neuestes E-Book zu schreiben, nur damit du es um einen günstigeren Preis bekommst oder um dir die Mühe der Suche nach einem Schreiber zu ersparen. So verschwendest du nur deine Zeit und Mühe. Du riskierst es, eurer Arbeitsbeziehung zu schaden, denn dein virtueller Assistent wird sich frustriert, nutzlos und völlig demotiviert fühlen.

Darum versichere dich, dass du das technische Genie deines virtuellen Assistenten für die Formatierung, das Design und Hochladen deines E-Books auf deiner Internetseite verwendest . Doch zwinge ihn/sie bitte nicht zu einer Arbeit, bei der er/sie wirklich keine Erfahrung hat.

Aufbau von gegenseitigem Vertrauen

Vertrauen muss verdient werden und dies entsteht, leider, nicht von heute auf morgen. Gegenseitiges Vertrauen wird durch viele der oben genannten Bereiche aufgebaut - Respekt, Höflichkeit und Manieren, gute Kommunikationsfähigkeit, realistische Fristen, wertentsprechende Bezahlung, pünktliche Bezahlung und das Zuteilen von Aufgaben, die den Fähigkeiten entsprechen.

Eine vertrauensvolle Beziehung kann sehr vorteilhaft für dein Geschäft sein.

Gib ihm/ihr bitte eine Atempause...

Wem macht es nichts aus, wenn der Chef einem dauernd auf die Finger schaut? Niemandem, dachte ich mir schon. Doch Spaß beiseite, es gibt wirklich nichts Schlimmeres als einer Aufgabe zugeteilt zu werden, und dann ständig daran erinnert und nach den Fortschritten gefragt wird. Und das gleiche gilt für dein virtuelles Team. Lerne loszulassen. Gib deine Aufgabe an den entsprechenden Fachmann in deinem Team weiter und teile ihm mit, wann du erwartest, dass er damit fertig wird, und dann kontaktiere ihn nicht wieder, bis die Arbeit abgeliefert wurde.

Ständiges Nachfragen nach dem Fortschritt der Arbeit kann als Untergrabung der Professionalität interpretiert werden und stärkt wirklich nicht das Selbstvertrauen. Wenn du also dein virtuelles Team motiviert halten willst, dann bitte schau ihnen nicht ständig auf die Finger.

Erkläre ihnen den Wert ihrer Arbeiten

Wenn dein virtuelles Team erkennt, welchen Einfluss es innerhalb deines Unternehmen hat, dann ist dies eine hervorragende Möglichkeit, das Interesse an der Zusammenarbeit beizubehalten.

Vielleicht ist es besser, diesen Punkt anhand eines Beispiels zu erklären. Und hier kommt es schon.

Bob besitzt ein erfolgreiches Hypnotherapie-Unternehmen. Er hat beschlossen, seiner veralteten Internetseite ein neues Gesicht zu verleihen, und hat die folgenden Mitglieder seines virtuellen Teams zusammengestellt:

- Steve - der SEO-Experte und Texter
- Claire - die freiberufliche Designerin
- Pete - der Internetseiten-Designer
- Hannah - die ausführende virtuelle Assistentin

Jetzt, da Bob die Wichtigkeit erkennt, alle seine virtuellen Teammitglieder zusammenzuhalten und sie das Gesamtbild zu sehen sollten, möchte er das Projekt folgendermaßen kulminieren.

1. Er trifft sich mit Hannah, um das Projekt zu diskutieren und sie erstellen eine Liste von Aufgaben, die durchgeführt werden müssen und von wem.
2. Hannah versichert sich dann, dass die Teammitgliedern auch diese Aufgaben entsprechend ihren Terminkalendern übernehmen können.
3. Hannah erstellt dann ein detailliertes Flussdiagramm, mit den Beiträgen von allen für das Projekt und den Fristen.
4. Jedes Mitglied des virtuellen Teams weiß dann genau, was von ihm gefordert wird und seine Fristen.
5. Jedes Mitglied des virtuellen Teams weiß dann auch, dass, sobald Steve fertig ist, das Projekt zu Claire geht und dann weiter zu Pete.

Indem jedes Teammitglied weiß, wie wichtig der Beitrag zum Projekt ist, entsteht eine fantastische Motivation. Der Domino-Effekt sollte sein, dass die Mitglieder zu den Fristen abliefern, um keine der anderen Fristen negativ zu beeinflussen. Sie werden sich auch geschätzt fühlen, weil jeder seinen wichtigen Beitrag innerhalb des Teams erkennen kann.

Ich hoffe, dass du die vielen verschiedenen Möglichkeiten verstehst, um dein virtuelles Team zu motivieren. Und ich kann gar nicht genug betonen, wie wichtig es wirklich ist. Schließlich ist der Aufbau von starken, positiven Arbeitsbeziehungen mit dem virtuellen Team von Anfang an eine fantastische Investition in die langfristige Zukunft deines Unternehmens. Seien wir ehrlich. Es ist nicht einfach, ständig wieder neue virtuelle Arbeitnehmer zu finden; es verschlingt Zeit, Geld und Mühe. Darum solltest du dich dabei ein bisschen mehr anstrengen, um deine virtuellen Arbeiter in deinem Team glücklich und motiviert zu behalten. Davon werden schließlich alle profitieren.

Verwalten deines virtuellen Teams

Wenn dein virtuelles Team auf der ganzen Welt verteilt ist, dann ist es wichtig, dass deine Management-Fähigkeiten gut genug sind, um die verschiedenen Kulturen und die verschiedenen Arbeitsweisen miteinander zu verbinden. Dabei spielt es keine Rolle, welche Arbeit dein virtuelles Teammitglied vollbringt. Alle Mitglieder müssen auf die gleiche Weise verwaltet werden.

Hier findest du ein paar Ideen, die dir dabei helfen werden.

Einfach vorher ausprobieren

Bevor du ein neues virtuelles Teammitglied anstellst, solltest du zuerst eine Probezeit anbieten. Wenn es eine ziemlich große Verpflichtung sein wird – zum Beispiel 20 Stunden pro Woche oder mehr - dann ist es wichtig, dass du vorsichtig vorgehst. Eine Probezeit von bis zu drei Monaten ist in dieser Branche akzeptabel, und während dieser Zeit solltest du außerdem einen niedrigeren Lohnsatz aushandeln. Wenn beide Seiten mit der Zusammenarbeit glücklich sind, kann eine dauerhafte Vereinbarung getroffen und der Stundensatz erhöht werden.

Unterstützen deiner virtuellen Teammitglieder

Es gibt viele verschiedene Möglichkeiten, wie du dein virtuelles Team verwalten kannst. Durch Beurteilungen, Anerkennung der Leistungen oder das Hervorheben der wichtigen Rolle innerhalb des Teams – das ist ein guter Anfang. Sobald du deine virtuellen Teammitglieder zusammengestellt hast und du auf ihre Kompetenz vertrauen kannst, kannst du versuchen, ihnen freie Hand über bestimmte Aufgaben oder Projekte zu lassen.

Wenn du zum Beispiel eine Nachforschung über eine Projektmanagementsoftware benötigst, dann teile dies deinem Team nur mit und überlass es den Mitgliedern, wie sie es machen.

Dies bewirkt wahre Wunder für das Vertrauen, denn es zeigt deinen virtuellen Assistenten, dass du ihrem Fachwissen vertraust. Ausserdem könnte es auch zu ein paar unerwarteten Ergebnissen kommen, was auch immer ein Plus für dich ist.

Biete eine Einarbeitungszeit an

Jedes virtuelle Teammitglied sollte eine Form von Einarbeitung mit dir haben. Versichere dich, dass sie einen Überblick über dein Unternehmen und auch über die anderen virtuellen Teammitglieder bekommen. Bedenke, ob sie eine spezielle Software benötigen, um deine Aufgaben effizient durchführen zu können, oder ob eine vorherige Einarbeitung für die Projektarbeit erforderlich ist.

Erstelle einen regelmäßigen Zeitplan für die Kommunikation

Lass alle von Anfang an wissen, dass es jeden Freitagmorgen um 10 Uhr ein Treffen gibt. Ob du dies nun über Skype, Google Hangout oder einfach nur über das Telefon erledigen möchtest, ist egal, doch es sollte von Anfang an festgelegt werden. Diese regelmäßige Kommunikation sollte auch nicht unterbrochen werden (es sei denn z.B. dass einer von euch im Urlaub ist), weil es wirklich sehr wichtig für dich, das Mitglied deines virtuellen Teams und eure langfristige Beziehung ist.

Erkläre den Arbeitsumfang

Bei jeder Arbeit solltest du klarstellen, was du von deinen Teammitgliedern genau erwartest. Versichere dich, dass jeder versteht, was von ihm verlangt wird und was du bei einer bestimmten Arbeit erwartest, denn so wird deine virtuelle Arbeitsbeziehung aufblühen. Wenn es sich um eine Projektarbeit handelt, dann teile sie in Aufgaben für deine virtuellen Angestellten auf (wenn du keine Projektmanagement-Software verwendest). Vor allem aber solltest du den Arbeitsumfang klar und detailliert angeben. Weiter solltest du deinem virtuellen Angestellten eine Frist angeben. Unter keinen Umständen solltest du eine Aufgabe mit einer offenen Frist weitergeben, denn ein Mangel an Dringlichkeit kann bedeuten, dass es schließlich nie erledigt wird. Offenheit, Ehrlichkeit und Kommunikation sind der Schlüssel zur erfolgreichen Verwaltung deines virtuellen Teams.

Professionelle Geschäftsbedingungen

Jedes Mal, wenn ein neues virtuelles Teammitglied deinem Unternehmen beitritt, solltest du ihn mit deinen allgemeinen Geschäftsbedingungen vertraut machen. Wenn du deine Erwartungen von Anfang an klar machst, wirkst du professionell und gibst deinem virtuellen Teammitglied ein Gefühl der Zugehörigkeit, des Engagements, und es ist außerdem im Notfall ein wertvolles Nachschlagewerk. Wenn die Qualität der Arbeit deines virtuellen Teammitglieds langsam schlechter wird oder er von deinen festgelegten Erwartungen in den allgemeinen Geschäftsbedingungen abweicht, dann benötigst du auch eine besondere Strategie, um damit richtig umzugehen. Beim ersten Mal solltest du jedoch nicht gleich deine Geschäftsbedingungen/deinen Vertrag/deine Vereinbarung zitieren. Doch wenn die Situation ernst genug wird und du dich rechtfertigen musst, kannst du dann darauf zurückgreifen.

Das Verwalten deines virtuellen Teams sollte etwas sein, in das du viel Mühe investierst. Es ist wirklich wichtig, gute Arbeitsbeziehungen aufzubauen und zu pflegen, weil es besser für dich und dein langfristiges Unternehmenswachstum ist. Du solltest nie vergessen, dass, obwohl deine virtuellen Teammitglieder ziemlich unsichtbar für den Kunden sind, sie für dich im Hintergrund arbeiten. Der Aufbau einer guten Kommunikation mit deinen virtuellen Angestellten und diese so viel wie möglich zu unterstützen, ist entscheidend, wenn eure Arbeitsbeziehung erfolgreich sein soll.

Ausbildung deines virtuellen Assistenten

Nun gut, du hast nun eine Ewigkeit mit der Nachforschung verbracht, um potentielle virtuelle Assistenten für dein Unternehmen zu finden. Du hast mit den vorherigen Arbeitgebern gesprochen und auch dein Bauchgefühl sagt dir, dass alles wirklich gut funktionieren wird.

Doch hast du dir auch Gedanken um ihre Ausbildung gemacht?

Ja, dein virtueller Assistent wird wahrscheinlich jede Menge Fähigkeiten, Erfahrungen und Qualifikationen haben, die ihn zu einem effizienten Experten machen. Doch er kennt DEIN Unternehmen noch nicht.

Er weiss nicht, wie du arbeitest. Er weiss nicht, wer sonst noch in deinem Team ist. Er kennt auch nicht deine Träume für dein Unternehmen.

Und er wird wahrscheinlich sehr viele Fragen an dich richten.

Diese Fragen werden immer wieder kommen, bis du schließlich die Phase erreichst, dass diese Fragen endlich versiegen.

Also solltest du versuchen, einigen dieser Fragen vorzugreifen und deinem virtuellen Assistenten ein „hauseigenes" Ausbildungsprogramm bieten, genau wie jedem „wahren" Mitglied deines Teams. Bedenke, dass nur weil Freiberufler selbstständig arbeiten und vielleicht auf der anderen Seite der Welt wohnen, dies nicht bedeutet , dass du ihn nicht voll und ganz willkommen heißen kannst, um dein Leben und dein Unternehmen zu verbessern.

Was solltest du also genau deinem virtuellen Assistenten (VA) bezüglich Ausbildung bieten?

- Wenn du ihm zumindest einen kleinen Überblick über dein Unternehmen geben kannst, dann ist das schon ein guter Anfang. Gib ihm die Links zu deiner Internetseite, deinen Social-Media-

Seiten und deinen Blogs, damit er sich ein Bild von dir und deinem Unternehmen machen kann.

- Erstelle einen Spickzettel der Kontakte, welcher zum Beispiel erklärt, wo man deine Rechnung am Ende des Monats hinschickt, oder wen deines virtuellen Teams man kontaktieren soll, wenn es technische Schwierigkeiten oder eine Rückfrage zum Design gibt. Versichere dich, dass du die gesamten E-Mail-Adressen und/oder Telefonnummern des Teams und deren Fachgebiete angibst.

- Ganz ähnlich könntest du auch die anderen Mitglieder deines virtuellen Teams bitten, eine kurze Biografie zu schreiben, um sie an neue Teammitglieder zu senden. Das Hinzufügen eines Fotos ist ebenfalls eine schöne und persönliche Note. Dies ist ausserdem eine tolle Möglichkeit, deinen neuen VA willkommen zu heißen. Es wird den VAs auch helfen, wenn sie E-Mails oder Telefonanrufe von einem Teammitglied erhalten, die als kleiner „Eisbrecher" in diesen so wichtigen frühen Tagen unterstützend wirken. Bitte auch deinen neuen VA um eine eigene Biografie und versichere dich, dass sie dem gesamten Team zugesandt wird.

- Wenn dein VA sich z.B. um deine E-Mails kümmert, dann erstelle Anweisungen, wie er damit umgehen sollte. Dies ist ratsam, vor allem, wenn du mehr als 100 E-Mails pro Tag erhälst. Also, zum Beispiel, versichere dich, dass er weiß, dass deine persönlichen E-Mails von Freunden und Familie nicht zu beantworten sind und dass er Spam-E-Mails löschen oder E-Mails an die entsprechenden Mitglieder deines Teams weiterleiten soll.

- In Bezug auf das Verwalten deiner E-Mails: wenn du deine persönlichen E-Mails generell fern vom System deines VA halten möchtest, dann ist dies ganz einfach. Richte dir ein anderes E-Mail-Konto ein und gib ihm nur den Zugriff zu den Kontakten deiner Wahl.

- Betreffend Passwörter: wenn du diese nicht gerne teilst, dann gibt es auch hier Wege dafür. Sieh dir die Internetseite lastpass.com als Alternative an, um diese Situation zu kontrollieren.

- Wenn dein VA sich um deine Social Media kümmert, dann musst du ihm Zugriff du deinen Konten geben, damit er diese aktualisieren, posten, twittern und Mediendateien für dich einfügen kann. Auch hier gilt: wenn du all diese Informationen in deiner Unternehmensbibel aufzeichnest, wird sich dies immer und immer wieder lohnen, z.B. für das Wachstum deines Unternehmens und der Anstellung von mehr und mehr virtuellen Assistenten.

- Eine spezifische Ausbildung von externen Anbietern kann auch erforderlich sein. Nehmen wir zum Beispiel an, dass du ein erfolgreiches Rekrutierungs-Unternehmen führst und eine der Aufgaben, die dein VA für dich erledigen soll, ist es, deine Datenbank zu verwalten. Er soll neue Rekruten und Kunden hinzufügen, sowie Bewerbungsgespräche organisieren und Bestätigungsschreiben versenden. Anstatt deinem VA eine kurze Tour durch die Grundlagen zu geben, könntest du versuchen, ihn zu einem Kurs zu bewegen, damit er darin geschult wird, wie eine Fachdatenbank richtig zu nutzen ist. Höchstwahrscheinlich könnte er relativ schnell die Grundlagen erlernen, aber es wird langfristig besser sein, wenn er die richtige Ausbildung bekommen hat. Egal, ob du jemanden findest, der dies persönlich in deiner Nähe erledigt oder du einen Onlinekurs dafür findest, denke ich, dass es wichtig ist, dass dein VA in deinem Spezialsystem ausgebildet wurde.

- Erstelle eine Liste für deinen VA mit den Kontaktdaten der bevorzugten Lieferanten.

Ich hoffe, dass dies einige der praktischen Aspekte erklärt, wie dem virtuellen Assistenten Unterstützung geboten werden kann, weil es wirklich wichtig ist, dass:

a) er sich gut über dein Unternehmen informiert fühlt

b) er weiß, wer zu deinem Team gehört und wen er bei benötigter Hilfe anrufen kann

c) er so schnell wie möglich damit anfangen kann, eine positive Auswirkung auf deinen Zeitplan oder Geschäft zu haben

Im nächsten Kapitel werden wir einen Blick speziell darauf werfen, wie du die Wunder der modernen Technologie nutzen kannst, um deinem virtuellen Assistenten und natürlich auch jedem Mitglied deines virtuellen Teams Videoanleitungen bieten kannst.

Mach das Beste aus der Zeit deines virtuellen Assistenten

Sobald dein virtueller Assistent sich in deinem Unternehmen eingearbeitet hat, wird er in der Lage sein, sich viel schneller und einfacher um deine Projekte zu kümmern. Folglich kann es eine Zeit geben, in der dein virtueller Assistent wenig zu tun hat und die Aufgaben nicht mehr ausreichen.

Wenn dein virtueller Assistent sein Gewicht in Gold wert ist, dann ist es wichtig, dass du diese Situation gar nicht erst zulässt. Schließlich hast du zu viel Zeit, Geld und Mühe in diesen virtuellen Angestellten investiert, um ihn einfach gehen zu lassen.

Nach meiner Erfahrung würde ich daher empfehlen, dass du ein regelmäßiges Treffen, z.B. einmal pro Woche oder alle vierzehn Tage, arrangierst, damit du auch genügend zu besprechen hast. Bei diesem Treffen sollte jeder eine kurze, aber konsequente Agenda vorbereiten, bei der ihr über Zeitpläne, Probleme oder Schwierigkeiten, Termine und Beurteilungen zu Aufgaben sprechen könnt.

Diese Treffen sind daher eine gute Möglichkeit, um herauszufinden, wie die Zeit deines virtuellen Assistenten verwendet wird (und wenn man darüber sprechen muss, dann ist dies eine tolle Möglichkeit, dies zu tun). Wenn sein Zeitplan oder seine Arbeitsbelastung gering ist, dann versichere dich, eine Liste an nicht-dringenden Projekten bereit zu halten - siehe unten für weitere Informationen.

Eure Treffen sind auch eine positive Möglichkeit, Probleme zu identifizieren und zu diffundieren, bevor diese eskalieren. Und schließlich können diese Treffen gewährleisten, dass die persönliche Note stets präsent bleibt. Wenn du dir jede Woche die Zeit nimmst, mit deinem VA zu sprechen, gut informiert zu werden und ihr vielleicht sogar ein wenig miteinander lacht, wird sich dein virtueller Assistent wie ein wichtiges Mitglied des Teams fühlen! Es sollte nicht nur um Arbeit, Arbeit und mehr Arbeit gehen, denn wir sind alle Menschen und dies solltest du bitte nie vergessen. Dein VA könnte isoliert sein, denn er arbeitet auf eigene Faust und eine regelmäßige Interaktion mit dir hat einen großen Einfluss auf die Stärkung eurer Arbeitsbeziehung.

Bitte entschuldige, dass ich etwas abschweife, aber dies möchte ich stark betonen. Virtuell zu arbeiten ist komplett anders als die Arbeit in einem Büro mit einer Gruppe von anderen Menschen, die sich beim Kaffeekochen abwechseln oder den hausgemachten Zitronenstreuselkuchen zum Teilen mitnehmen. Niemand ist anwesend, mit dem man über die TV-Show von gestern Nacht oder das neue Restaurant in der Stadt plaudern kann. Darum solltest du dies auch anerkennen.

Nun gut, zurück zur langsam kleiner werdenden Aufgabenliste.

Meiner Meinung nach ist es ratsam, wenn dein virtueller Assistent eine Liste von anderen Projekten hat, wenn die üblichen Aufgaben weniger werden. Dies ist auch von Vorteil, wenn du in den Urlaub fährst, denn dein virtueller Assistent sollte die regelmäßigen Arbeitsstunden so effektiv wie möglich gestalten. Darum erstelle einfach eine Liste an ständigen Aufgaben, die dein virtueller Assistent bei wenig Arbeit erledigen kann.

Hier findest du ein paar Ideen, was du hierbei inkludieren könntest:

1. **Nachforschungen** - ob es nun um Blog-Beiträge, deine Konkurrenten, Keywords, Artikeleinreichungs-Internetseiten, Produkt- oder Serviceinformationen oder die Suche nach dem besten 5-Sterne-Familienhotel in der Karibik geht, Nachforschungen sind immer eine wertvolle (aber zeitraubende) Aufgabe. Versichere dich außerdem, dass du den Zweck deiner Nachforschungen angibst. Dein virtueller Assistent muss genau wissen, warum er x, y und z nachforschen soll und dir strukturiert Bericht erstatten. Wenn du deinem virtuellen Assistenten keine Anleitungen gibst, dann könnte es passieren, dass er „nutzlos und ohne ersichtlichen Grund im Internet surft" und du darfst dann auch noch dafür bezahlen.

2. **Transkription** - eine weitere Daueraufgabe, mit welcher dein virtueller Assistent sich beschäftigen kann, anstelle nur rumzusitzen und Daumen zu drehen. Wenn du, zum Beispiel, einen ganzen Katalog an Videoanleitungen, Webcasts oder Podcasts erstellt hast, dann kann dein virtueller Assistent diese Audiomaterialien abtippen und somit Wunder für dein Unternehmen veranlassen. Wenn du all deine Marketing-Bemühungen sowohl in schriftlicher und als auch im Audio-Format zur Verfügung hast, wird dies nicht nur deine Zielgruppe erweitern, sondern auch deinen virtuellen Assistenten produktiv halten.

3. **Artikelmarketing** - wenn dein virtueller Assistent ziemlich gut Artikel schreiben kann, dann sollte er dies in ruhigeren Zeiten tun. Wenn du lieber deine eigenen Artikel schreibst, dann bitte deinen virtuellen Assistenten, diese bei Artikelverzeichnissen oder Einreichungsseiten einzureichen und eine fortlaufende Liste der Ergebnisse bereitzuhalten.

4. **Bloggen** - wenn die Fähigkeiten deines virtuellen Assistenten hierfür nicht ausreichen, dann bitte ihn Blogideen für die z.B. nächsten 12 Monate zu kreieren. Wenn sein Schreibstil nicht gerade großartig ist, dann gib ihm ein paar Stichpunkte oder Titel als Starthilfe und vielleicht wirst du über die Ergebnisse staunen dürfen. So wird die Zeit für das Geschäft gut verwendet und Blogs im Voraus vorzubereiten ist eine gute Möglichkeit, um den Druck von dieser regelmäßigen Aufgabe zu lindern.

5. **Virtuelles Ordnen**- ja, es ist möglich! Ob es um das Ordnen deiner Google-Dokumente, das Archivieren deines Dropbox-Ordners oder die Reorganisation deiner E-Mails geht... virtuelles Ordnen ist einfach gut für die Seele.

6. **Aktualisieren von Datenbanken** - wenn du eine lange Liste an vergangenen, aktuellen und potenziellen Kunden hast, die deinen Newsletter abonnieren, dann ist es wichtig, dass diese Liste aktualisiert wird. Wenn du zum Beispiel Abonnenten hast, die sich

von der Datenbank abmelden möchten, dann solltest du dich darum kümmern. Dies ist eine weitere tolle Aufgabe für deinen virtuellen Assistenten, wenn er eine höhere Arbeitsbelastung vertragen kann.

7. **Prüfen deiner SEO** - dies ist eine großartige Aufgabe für deinen virtuellen Assistenten, die er regelmässig wiederholen sollte. Da es darum geht, ständig das beste SEO-Verfahren zu aktualisieren, ist es wichtig am Ball zu bleiben. Und wenn du mehr als ein Unternehmen oder mehr als eine Internetseite hast, dann ist es wichtig, dass deine Suchmaschinen-Rankings für dich arbeiten. Lass deine Konkurrenten nicht einfach die Nase vorn haben ... bitte deinen virtuellen Assistenten, diese Aufgabe zumindest einmal im Quartal zu erledigen und ihr beide werdet die Vorteile geniessen können.

8. **Social-Media-Frühjahrsputz** – versichere dich, dass alle deine Social-Media-Konten auf dem neuesten Stand sind. Dein virtueller Assistent kann die Inhalte deines Facebook prüfen, ob deine Kontaktdaten alle richtig sind und er könnte auch ein paar „Mag Ich" verteilen. Ob es sich nun um Facebook, Twitter, LinkedIn, Pinterest oder YouTube handelt, ist dies eine tolle Aufgabe für deinen virtuellen Assistenten, auf die er sich regelmäßig konzentrieren sollte. Je mehr Interaktion und Engagement auf deinen Social-Media-Seiten aufgebaut wird, desto wahrscheinlicher wirst du neue Fans oder Followers bekommen, ohne dabei ins Schwitzen zu geraten.

9. **Werbung** - wenn AdWords zu deinen Werbemöglichkeiten gehört, dann bitte deinen virtuellen Assistenten darum, sich ein paar neue Ideen für eine Werbekampagne auszudenken. Bitte ihn, die erforderliche Keyword-Forschung zu erledigen, um herauszufinden, nach was die Leute genau suchen und dann einen Entwurf der Kampagne zu erstellen, z.B. für das nächste Quartal oder für die nächsten sechs Monate. Bitte ihn um einen Bericht, aus dem du alles erlesen kannst, von den Worten bis zu den Kosten. Somit wird diese produktive Nutzung der Zeit langfristige Vorteile mit sich bringen.

10. **Erstellen eines E-Book**s - auch wenn dein virtueller Assistent nicht der beste Schriftsteller der Welt ist, kann er trotzdem eine Auswahl an E-Book-Entwürfen für dich zusammenstellen. Wahrscheinlich hast du den Großteil der Inhalte sowieso schon geschrieben! Alles, was dein VA für den E-Book-Entwurf tun muss, ist, deine Blogs durchzulesen, die mit dem gemeinsamen Thema herauszukopieren, und schon kann es losgehen. Außerdem könntest du E-Books mit den Transkripten deiner neuesten Podcasts erstellen. Durch die Kreation dieser Sammlungen in einem E-Book-Format brauchst du dann nur mehr zur gegebenen Zeit den Inhalt überprüfen, dann das E-Book zu deinem Designer, der ein paar Grafiken, Kopf- und Fußzeilen hinzufügt, weiterleiten und schon ist es fertig. Eine gute Vorbereitung ist hier der Schlüssel.

11. **Berichterstattung** - ob du nun eine Finanzberichterstattung oder einen Bericht über das Verhältnis von Werbung zu Umsatz benötigst, hierbei kann dir dein virtueller Assistent zur Hand gehen und so ist die Zeit gut investiert. Versichere dich, dass dein VA genau die Absicht eines bestimmten Berichts kennt und dass die Ergebnisse für dich nützlich sein werden, wenn es z.B. um die Planung deiner Marketing-Aktivitäten im nächsten Jahr geht.

12. **Dich auf dem Laufenden halten** - dein virtueller Assistent könnte für dich regelmäßig nachforschen, wie weit bestimmte Projekte, Angebote und Anfragen sind. Dies kann beinhalten, dass er andere Teammitglieder kontaktiert, um herauszufinden, wie weit diese mit einem bestimmten Projekt sind, oder einer potenziellen heißen Spur zu folgen, auf die du vor zwei Wochen gekommen bist. Dich auf dem Laufenden halten ist eine weitere produktive Nutzung der Zeit deines virtuellen Assistenten.

Es gibt so viele verschiedene Aufgaben, die ein virtueller Assistent für dich erledigen kann, wenn die Arbeitsbelastung abgenommen hat. Natürlich würde ein ethischer und professioneller virtueller Assistent solche Aufgaben erledigen, ohne dass du ihn dazu ermuntern musst. Aber nur für den Fall, dass er hin und wieder eine Erinnerung braucht, findest du in diesem Dutzend Aufgaben Anreize, die den Ball für dich ins Rollen bringen können.

Zusammenarbeit mit einem virtuellen Assistenten:

Fehler, die du vermeiden solltest

Nun haben wir uns durch die große Bandbreite der Vorteile gearbeitet, die man durch das Outsourcing genießen darf. Doch wie bei allem im Geschäft (und auch generell im Leben) könntest du ein paar Fehler beim Outsourcing begehen.

Einige dieser Fehler gelten für deinen virtuellen Assistenten, aber andere könnten auch von dir begangen werden.

Im Laufe der Jahre habe ich mit sehr vielen virtuellen Assistenten gearbeitet, welche aus der ganzen Welt stammen, und ich habe enge Freunde und Kollegen, die auch den Weg des Outsourcing eingeschlagen haben. Und unter uns gesagt, nun ja, wir haben alle schon einige Fehler dabei gemacht.

Viele dieser Fehler entstanden einfach aus einem Missverständnis und hätten, im Nachhinein gesehen, vermieden werden können. Und darum wusste ich, dass ich meinem Buch dieses spezielle Kapitel einfach hinzufügen muss.

Du wirst verstehen, dass ich möchte, dass du aus meinen Fehlern und denen meiner Kollegen lernst. Ich möchte dir einen Einblick in die Realität bei der Arbeit mit einem virtuellen Assistenten geben und dir ein paar der echten Höhen und Tiefen zeigen, die dabei auf dich warten könnten.

Darum findest du hier ein paar Beispiele von möglichen Fehlern und wie du diese vermeiden kannst. Schon geht's los...

1 – „Mein virtueller Assistent verpasst ständig die Abgabefristen und dies bedeutet, dass ich die Fristen meiner

Kunden auch nicht einhalten kann."

Das ist wirklich nicht gut. Wenn dein virtueller Assistent regelmäßig Fristen verpasst, dann führt dies zu einem Dominoeffekt. Dies ist schlecht für dein Unternehmen. Es ist schlecht für deren Geschäft und euer Stressniveau ist ständig zu hoch. Es ist egal, wie groß oder klein die Aufgabe ist oder wie flexibel die Frist oder wie wichtig die Arbeit ist, denn eine Frist ist eine Frist und deren Einhaltung ist eine der Grundvoraussetzungen für eine erfolgreiche virtuelle Arbeitsbeziehung.

Trotzdem solltest du zuerst einen Blick auf das große Gesamtbild werfen. Der Fehler könnte nicht nur an deinem virtuellen Assistenten liegen. Man sollte auch andere Dinge beachten.

Kannst du die folgenden Fragen wahrheitsgemäß beantworten?

- Wenn du deinem virtuellen Assistenten eine Aufgabe zuteilst, gibst du ihm im Voraus Bescheid, damit er damit rechnen kann?
- Wenn ja, wie lange davor gibst du ihm Bescheid, bevor er die Aufgabe in seinem Posteingang erhält?
- Gibst du deinem virtuellen Assistenten eine realistische und erreichbare Frist, um die Arbeit zu beenden?
- Versuchst du herauszufinden, warum dein virtueller Assistent deinen Termin nicht einhalten kann?
- Oder denkst du dir einfach „Dreimal und er wird gekündigt"?
- Oder warst du unhöflich oder vielleicht sogar aggressiv, weil er nicht rechtzeitig geliefert hat?
- Bezahlst du den üblichen Preis?
- Bezahlst du ihn pünktlich?
- Hat dein virtueller Assistent die notwendige Ausrüstung oder Software, um deine Aufgabe effizient genug durchzuführen?
- Hast du darüber nachgedacht, dass dein virtueller Assistent möglicherweise im Moment ein Problem haben könnte?

Wenn du die oben genannten Fragen wahrheitsgemäß beantworten kannst, dann bin ich mir sicher, dass du bereits eine Ahnung hast, wo das Problem liegen könnte.

Wenn dieser virtuelle Assistent jemand ist, mit dem du schon länger konsequent über einen Zeitraum zusammengearbeitet hast und du wirklich sein Fachwissen schätzst, dann solltest du nicht einfach aufgeben.

Stattdessen könntest du:

1. Regelmäßig mit ihm kommunizieren. Warte nicht, bis du eine Aufgabe für ihn hast. Halte die Kommunikationsverbindung zwischen euch beiden aufrecht, damit es keine langen Stillphasen gibt, auf die dann eine Flut von dringenden E-Mails folgt. Auf diese Weise sollte euer Arbeitsverhältnis ziemlich solide bleiben.

2. Gib rechtzeitig Bescheid, dass du seine Hilfe benötigst. Eine Woche vorher wäre gut, wenn du einen Zeitplan für dein Unternehmen vorbereiten kannst. Auf diese Weise kann sich dein virtueller Assistent auf die Arbeit vorbereiten und diese hoffentlich entsprechend deinem Zeitplan unterbringen. Du solltest nicht einfach davon ausgehen, dass VAs vor dem Computer sitzen, mit den Daumen drehen und auf deine Arbeit warten.

3. Sei ein wenig kreativ mit deinen Fristen. Wenn du die Arbeit bis nächsten Freitag benötigst oder die Welt geht unter, dann sag deinem virtuellen Assistenten, dass du sie bis Dienstag benötigst. Dies spart dir eine Menge Panik und Stress. Selbst wenn dein VA dann die Frist um ein paar Tage verpasst, hast du trotzdem noch einen kleinen Sicherheitspuffer für dich.

4. Versichere dich, dass deine Anweisungen für die Aufgabe so kurz und einfach wie möglich sind. Lass dem Zweifel keine Chance. Wenn deine Anweisungen nicht klar genug sind, gibt es entweder ein Hin- und Her telefonieren oder eine Flut von E-Mails, bis die

Angelegenheit schlussendlich komplett geklärt wird. Dies ist sicherlich nicht die beste Verwendung eurer Zeit.

5. Wenn du herausfindest, dass ihr nicht mit der gleichen Software oder Kit arbeitet, dann könntest du sie für ihn kaufen. So hilfst du ihm, deine Arbeit schnell und effizient für dich abzuschließen. Vielleicht denkst du dir jetzt: „Ähm, nun gut, warum kauft er sich diese nicht einfach selbst?". Doch es ist nicht immer so einfach. Du könntest der einzige Kunde sein, der diese Software verwendet, und wenn sie 150 Euro pro Stück kostet, dann könnte er dies als nicht gerechtfertigt ansehen, denn schließlich könnte es nur eine einmalige Aufgabe sein. Ein gutes Beispiel, wo die falsche Software oder Technologie Auswirkungen auf deine Effizienz hat, ist die Transkription. Nehmen wir mal an, dass du ein eigenes Team an Schreibkräften hast, die ein spezielles Transkriptionskit verwenden, um deine Podcasts zu schreiben. Sie benötigen eine Stunde, um dein 20-Minuten-Podcast zu schreiben. Wenn du aber deinen virtuellen Assistenten um diese Arbeit bittest, lädt er ein kostenloses Programm aus dem Internet herunter und damit kann er nur 10 Minuten des Podcasts in einer Stunde schreiben. Das kostenlose Programm, welches er benutzt, hat nicht die gleiche Geschwindigkeit und Effizienz beim Herunterladen und Importieren der Dateien als das Profi-Kit. Aus externer Sicht sieht es so aus, als ob dein virtueller Assistent eine ziemlich langsame Schreibkraft ist, obwohl er mit dem Profi-Kit seine Produktivität mit ziemlicher Sicherheit verbessern könnte.

6. Versichere dich, dass du immer pünktlich bezahlst. Kein Wenn und Aber, keine Ausreden. Ein virtueller Assistent wird in der Regel bis Monatsende warten, um dir eine Rechnung auszustellen, wenn du regelmäßig mit ihm arbeitest. Wenn du aber weitere 14 Tage mit dem Bezahlen wartest oder seine Rechnung verlegst oder, schlimmer noch, regelmäßig wegen der Rechnungen streitest, dann befürchte ich, dass schon bald ein schlechtes Gefühl aufkommen wird. Er könnte sich dann denken: „Warum sollte ich mich mit seiner Arbeit beeilen, wenn er bereits 3 Wochen zu spät für meine letzte

Rechnung dran ist?" Darum solltest du diesen Fehler wirklich nicht begehen.

Wenn deine Fristen regelmäßig aufgeschoben werden, dann solltest du entsprechende Maßnahmen ergreifen. Und es ist immer ratsam, dies im Vorfeld mit deinem virtuellen Assistenten abzuklären (wie auch mit jedem Mitglied deines virtuellen Teams). Wenn deine Fristen zwei oder sogar drei Mal verpasst werden, dann greif zum Telefon und unterhalte dich freundlich und entspannt mit ihm. Wenn es ein lokaler virtueller Assistent ist, dann lade ihn zu einem Kaffee ein (natürlich solltest du ihn auch für die Stunde bezahlen, in der er nicht an seinem Arbeitsplatz sitzen kann). Sich Luft zu verschaffen oder es „im Keim zu ersticken" ist ratsam, bevor diese Dinge eskalieren. Ich bin mir sicher, dass es in neun von zehn Fällen eine ganz einfache Erklärung dafür gibt, warum die Fristen verpasst wurden, und zusammen werdet ihr eine Lösung finden, um das Problem zu beheben.

#2 – „Mein virtueller Assistent beantwortet weder meine E-Mails noch meine Anrufe."

Kommunikation ist ein wesentlicher Bestandteil der virtuellen Arbeitsbeziehung und wenn dein virtueller Assistent nicht mit dir kommuniziert, dann musst du dich darum kümmern. Wenn dein VA die Kommunikation mit dir unterbricht, dann glaube ich, dass etwas falsch läuft.

Doch du solltest erst über den Grund nachdenken.

- Könnte es sein, dass dein virtueller Assistent ein sehr strenges Zeitmanagement pflegt und seine E-Mails nur einmal pro Tag beantwortet, zB. um 15.00 Uhr?

- Ignoriert dein virtueller Assistent deine Anrufe, weil du mindestens viermal täglich anrufst?
- Versucht dein virtueller Assistent dich aus irgendeinem Grund zu meiden?
- Bist du zu anspruchsvoll oder erwartest du zu viel von deinem virtuellen Assistenten?
- Kennst du die Arbeitszeiten oder den regelmäßigen Zeitplan deines virtuellen Assistenten?

Wenn du die Antworten auf diese Fragen kennst, dann findest du die Lösungen selbst heraus. Ich weiß, dass wenn man zu viel mit dem VA kommuniziert, kann es zu einem Kommunikationsabbruch führen. Ich habe bereits Erfahrungen damit gemacht. Lass mich dir also erklären, warum.

Yasmin führt einen sehr erfolgreichen Verlag. Sie hat ein paar Angestellte vor Ort, doch bei übermäßiger Beschäftigung gibt sie etwas an eine virtuelle Assistentin weiter. Ihre virtuelle Assistentin Kelly erledigt alles, vom Abtippen der Manuskripte bis zum Korrekturlesen und Yasmin schätzt ihre Arbeit sehr.

Auch Kelly genießt diese Art von Arbeit, so dass das Arbeitsverhältnis großartig ist. Doch als die Angestellten vor Ort von Yasmin weniger werden, gibt sie immer mehr Arbeit an Kelly weiter, aber Kelly hat auch noch andere Kunden.

Als Yasmin schließlich drei oder vier Arbeiten pro Tag ohne Vorwarnung absendet und der Zeitplan von Kelly außer Kontrolle gerät, ist die Kommunikation das Erste, was Schaden nimmt. Yasmin bestätigt jede ihrer E-Mails und Arbeiten mit einem Telefonanruf. Sie will sicherstellen, dass Kelly es erhalten hat und herausfinden, wann sie damit beginnt und wann sie die Arbeit liefern kann.

Langsam aber sicher hat Kelly aufgehört, Yasmins Anrufe zu beantworten.

Yasmin ruft jederzeit an - morgens, mittags und abends. Yasmin macht sich einfach keine Gedanken darum, wie spät es ist oder wie oft sie Kelly anruft. Sie möchte einfach einen Fortschrittsbericht von ihr, so dass sie Kontrolle über ihren eigenen Zeitplan hat. Da sie zwei Mitarbeiter verloren hat, versucht Yasmin Druckereien und Autoren und Journalisten und Buchhandlungen auf eigene Faust zu jonglieren und darum benötigt sie so viel Unterstützung wie möglich von Kelly.

Yasmin weiß aber nicht, dass Kelly während ihrer Anrufe oft ihre Kinder von der Schule abholt, oder sie gerade zu einem Termin hinfährt oder über Skype mit einem anderen Kunden spricht, oder sie geht zur Post.

Kelly hat auch jede Menge Arbeit. Sie muss sich auch um ihre Verantwortungen kümmern und um andere Kunden. Und ihrer Meinung nach geht viel zu viel ihrer Zeit mit diesen unnötigen Anrufen verloren, da im Prinzip alles der ursprünglichen E-Mails wiederholt wird.

Verstehst du jetzt, wie schnell und einfach eine starke, gesunde virtuelle Arbeitsbeziehung auf den Kopf gestellt wird, wenn es Fehler bei der Kommunikation gibt? Die Kommunikation ist ein wechselseitiger Prozess. Bitte geh nicht davon aus, dass nur weil du derjenige bist, der die Arbeit zuteilt, dass du dann das Sagen hast. Dies ist nicht der Fall und diesen Fehler solltest du nicht begehen. Also versetz dich in die andere Person, bevor du zum Telefon greifst und zum vierten Mal an diesem Tag anrufst.

Sobald eure Kommunikation gut und wahrhaft etabliert ist, kann es zu keiner Katastrophe führen.

Sieh dir die folgenden Fragen an und versuche diese so wahrheitsgemäß wie möglich zu beantworten.

1. Muss deine E-Mail wirklich noch mit einem Anruf bestätigt werden, um sicherzustellen, dass dein virtueller Assistent sie empfangen hat? Wie stehen die Chancen, dass er die E-Mail nicht erhalten hat?

2. Muss dein virtueller Assistent wirklich öfter als einmal pro Tag mit dir sprechen?

3. Hast du schon über ein wöchentliches Skype-Treffen nachgedacht, anstatt dass ihr euch ständig gegenseitig über die Fortschritte, Termine und anstehenden Aufgaben informiert? Dies ist ein sehr viel produktiverer Einsatz eurer beiden Zeitpläne.

4. Hast du darüber nachgedacht, deinen VA zu fragen, ob er dir mit einer Standardantwort auf deine E-Mail antwortet, damit du weisst, ob er sie erhalten hat? „E-Mail empfangen, Danke" könnte schon genug sein. Oder bitte deinen VA immer nach einer Lesebestätigung für deine E-Mails und bitte ihn, dass er dir immer die Bestätigung zusendet.

5. Beachtest du die Kernarbeitszeiten deines virtuellen Assistenten, bevor du ihn anrufst? Kannst du dir vorstellen, dass 20.00 Uhr abends an einem Freitag Abend nicht die beste Zeit ist, um jemanden bezüglich der Arbeit anzurufen?

6. Kannst du dir stattdessen vorstellen, regelmäßig eine halbe Stunde für Telefonanrufe zu arrangieren, wenn dein virtueller Assistent viele verschiedene Aufgaben für dich erledigen muss?

Manchmal ist es wichtig, sich selbst und die eigenen Bedürfnisse beiseite zu schieben, wenn es Unannehmlichkeiten bezüglich der Kommunikation mit dem virtuellen Assistenten gibt. Darum ist mein Rat, so ruhig wie möglich zu bleiben, klug mit den E-Mails umzugehen und deinen virtuellen Assistenten die Möglichkeit zu geben, entsprechend dem eigenen Zeitplan zu antworten. Sei auch mit dem Telefonieren sparsam, weil dein VA im Gegensatz zu den E-Mails hierbei nicht die Flexibilität hat, nach seiner Bequemlichkeit zu antworten. Gewähre ihm so gut es geht seinen eigenen Zeitplan, denn schließlich versucht er, genau wie du, ein professionelles Geschäft zu führen.

#3:   „Seine Arbeit ist sehr viel schlechter geworden."

Dies ist noch schlimmer, wenn dein virtueller Assistent deine Arbeit in der Regel nach einem sehr hohen Standard erledigt hat und in der Vergangenheit war sie gleichbleibend auf hoher Qualität. Es kann jedoch Gründe dafür geben. Bevor du dich also gleich beschwerst, solltest du vorher über die folgenden Dinge nachdenken:

a. Hat er diese Aufgabe vorher schon für dich erledigt oder ist sie völlig neu für ihn?

- Hast du ihn um etwas gebeten, dass nicht wirklich zu seinem Fachgebiet gehört?

- Hast du ihm eine unrealistische Frist gegeben?

- Hast du ihm keine klare Anleitung gegeben, damit er weiss, was von ihm erwartet wird?

Wenn dein virtueller Assistent darüber Zweifel hat, wie du die Arbeit haben möchtest und/oder du hast ihm nur die nächsten paar Stunden als Frist gegeben, um eine ziemlich umfangreiche und detaillierte Aufgabe für dich zu erledigen, dann liegt der Fehler nicht unbedingt beim virtuellen Assistenten.

Versuche deinen virtuellen Assistenten zu den normalen Standards der Arbeit zu ermutigen und nachstehend findest du ein paar Ideen dafür.

1. Verwende eine Art Screen-Capture-Software (Bildschirmaufnahmen), um eine kurze Anleitung der Aufgaben zu erstellen, die dein virtueller Assistent entweder vorher noch nicht oder für eine lange Zeit nicht erledigt hat. Eine visuelle Schritt-für-Schritt-Anleitung ist eine großartige Ressource, um die Aufgabe in kleine „verarbeitbare" Stücke aufzuteilen.

2. Arrangiere ein Online-Meeting mit deinem virtuellen Assistenten, um ihm die Schritt-für-Schritt-Grundlagen einer Aufgabe zu erklären, wenn du dir unsicher darüber bist, ob er deine Anweisungen verstanden hat.

3. Schicke ihm eine Probe einer bestimmten Aufgabe. Wenn du beispielsweise möchtest, dass er ein Excel-Arbeitsblatt für dich mit viel Zahlen, Formeln und Diagrammen erstellt, dann könntest du ihm eine Probe von der vorherigen Version geben, damit er sich das Endresultat vorstellen kann.

4. Besprecht zusammen die Wichtigkeit einer Extra-Überprüfung vor dem Abliefern der Arbeit. Wenn zum Beispiel zu viele Rechtschreibfehler in deinem Transkript auftreten, dann bitte den virtuellen Assistenten, dass er sie nochmals mit der Audiodatei als zusätzliche Vorsichtsmaßnahme gegenliest. Das Hinzufügen von zusätzlichen Ebenen der Qualitätssicherung wird wohl mehr Zeit bedeuten, doch du sollst es als langfristige Investition ansehen. Du wirst dann nicht mehr die Teile einer halbfertigen Aufgabe zusammensetzen müssen.

Wenn du das Problem der sich verschlechternden Arbeitsnormen in Angriff nimmst, wird die Arbeit hoffentlich wieder besser werden. Die meisten aufmerksamen und professionellen virtuellen Assistenten werden deine Kommentare annehmen, und ab diesem Zeitpunkt besonders aufmerksam bei deiner Arbeit sein.

#4   „Ich möchte mit diesem virtuellen Assistenten langfristig zusammenarbeiten, doch er möchte seine freiberufliche Arbeit bei oDesk nicht aufgeben."

Dies ist ein Szenario, welches wahrscheinlich auftreten wird, wenn du diese Outsourcing-Plattformen mehr und mehr nutzt. Du wirst jemanden finden, der konsequent eine qualitativ hochwertige Arbeit, pünktlich und zu einem sehr günstigen Preis liefert. Doch du solltest den Fehler nicht begehen, ihn zu bitten, sich dir anzuschliessen und sein „tägliches" Einkommen aufzugeben.

Du musst verstehen, dass viele dieser Freiberufler diese Outsourcing-Plattformen nutzen, wenn ihre reguläre Arbeit weniger wird oder sie ein zusätzliches Einkommen zur normalen Arbeit benötigen. Sie nutzen diese Plattformen, weil:

1. sie wissen, dass sie garantiert bezahlt werden, wenn sie eine Aufgabe durchführen

2. sie wissen, dass, wenn sie einen Käufer nicht leiden können, dann müssen sie nie wieder für ihn arbeiten.

3. sie wissen, dass sie ganz nach ihrem Willen und Zeitplan auf diesen Plattformen arbeiten können.

Wenn du also möchtest, dass sie diese drei Dinge für dich aufgeben und sich auf dich verlassen, dass du ihnen genug Arbeit gibst und sie pünktlich bezahlst, dann ist dies eine sehr große Bitte.

Du solltest auch bedenken, dass einige dieser Freiberufler auf diesen Plattformen für viel niedrigere Preise arbeiten, als sie ihren gewöhnlichen Kunden berechnen. Und wenn du in etwa den gleichen Preis bezahlen möchtest, dann ist dies nicht gerade ein Anreiz für sie.

Nur auf einen Kunden zu vertrauen, stellt ein grosses Risiko für Freiberufler (Freelancer) dar. Darum solltest du nicht den Fehler begehen, von ihnen zu erwarten, alles für dich aufzugeben. Außerdem solltest du nicht direkt auf diesen Plattformen darum bitten, weil du sonst von diesen Plattformen gebannt werden könntest!

#5   „Ich glaube, dass mein virtueller Assistent ein wenig zu kreativ mit seiner Zeit umgeht."

Dieses Problem ist schwierig, aber auch hier gibt es Lösungen. Zum Beispiel:

Wenn dein virtueller Assistent behauptet, dass er 3 Stunden an einer Aufgabe arbeitete, doch du weisst, dass man normalerweise nur die Hälfte dieser Zeit benötigt, dann benötigst du eine Art von Zeit-Tracking-Software. (Darum kümmern wir uns in einem späteren Kapitel.)

Wenn dein virtueller Assistent deiner Meinung nach viel zu lange für eine Aufgabe benötigt, dann musst du herausfinden, warum.

- Ist es, weil ihm die Aufgabenanweisungen nicht richtig erklärt

  worden sind?

- Ist es, weil er eine andere Software wie du benutzt?

- Ist es, weil es nicht wirklich sein Fachgebiet ist?

Wenn das Problem eines dieser Dinge ist und du mit deinem virtuellen Assistenten darüber gesprochen hast, warum solltest du dann diese bestimmte Aufgabe nicht an jemanden weitergeben, der mehr Erfahrung auf diesem Gebiet hat?

Zum Beispiel solltest du deinem virtuellen Assistenten keine Excel-Tabelle zum Aktualisieren geben, wenn er nicht gut mit Formeln oder Zahlen ist. Ebenso solltest du ihn nicht bitten, deine nächsten sechs Blogs zu schreiben, wenn er kein begabter Schriftsteller ist.

Du solltest vorher sicherstellen, dass du die richtige Person für den Job beauftragst, sonst könnte die Aufgabe viel länger als erwartet dauern.

Wie du aus den fünf Fehlern, die ich oben erwähnt habe, sehen kannst, gibt es zwangsläufig ein paar kleine Probleme, wenn du über längere Zeit mit einem virtuellen Assistenten zusammenarbeitest.

Bedenke aber, dass diese kleinen Probleme auch lösbar sind. Es sind kleine Herausforderungen, die man überwinden kann. Du würdest dich doch auch versichern, dass diese Probleme und Sorgen behandelt werden, wenn es sich um einen Mitarbeiter vor Ort handeln würde. Darum solltest du das Gleiche auch für deinen virtuellen Mitarbeiter tun.

Das Ausbügeln kleiner Herausforderungen ebnet den Weg für eine langfristige Bindung und eine vorteilhafte Zusammenarbeit zwischen dir und deinem virtuellen Assistenten. Also gib nicht zu schnell auf.

Systeme & Softwareprodukte, die die Zusammenarbeit unterstützen

Wenn du mit einem virtuellen Assistenten zusammenarbeitest, dann gibt es viele verschiedene Systeme und Softwareprodukte, die ihr benutzen könnt, um euer Arbeitsleben zu erleichtern. Dabei spielt es keine Rolle, wo ihr euch befindet und diese Systeme und Softwareprodukte bieten alle Arten von nützlichen Anwendungen, wie z.B. die Aufzeichnung der Zeit (Time-Tracking), die man an Projekten arbeitet, die Verwaltung von Projekten und die Speicherung von Arbeitsunterlagen an einem zentralen Ort für den einfachen Zugang.

In diesem Kapitel beschreibe ich dir ein paar dieser Systeme und Softwarepakete, so dass du selbst herausfinden kannst, wie sehr diese dein Unternehmen beeinflussen und deine virtuellen Arbeitsbeziehungen verbessern können.

Dropbox (www.dropbox.com**)**

Wenn du noch nie von Dropbox gehört hast, dann kann ich es am besten als einen riesigen Aktenschrank am Himmel beschreiben. Es ist ein Ort, wo du sicher deine Dokumente speichern und mit deinem Team teilen kannst. Man muss eine Gebühr bezahlen, wenn man die Option „Business" verwenden möchte, aber aus betriebswirtschaftlicher Sicht denke ich, dass sich das allemal lohnt. Ich möchte hier die Gebühren nicht im Detail beschreiben, da sie sich jederzeit ändern können. Am besten siehst du dir die Dropbox-Internetseite selbst an und suchst dir die aktuellen Gebühren heraus.

Einer der Gründe, warum ich Dropbox wahrhaft nützlich finde, ist, weil es einfach zu bedienen ist. Aber das ist noch nicht alles, was geboten wird, und es gilt viele weitere Überlegungen zu machen, wie zum Beispiel:

1. Größe des Dokuments: es spielt keine Rolle, wie groß deine Datei zum Hochladen oder Teilen auf Dropbox ist. Es ist wirklich

erfrischend, wenn man mit dem Senden als Anhang einer E-Mail vergleicht. Es erspart einem die Probleme, wenn man ein großes Dokument als E-Mail senden möchte, denn dies könnte sehr lange dauern. Dann stürzt der Computer vielleicht noch bei der Hälfte der Zeit ab, oder das Senden schlägt fehl oder bla, bla, bla, du weißt, was ich meine. Das Hochladen eines Dokuments auf Dropbox vermeidet all das und reduziert die wertvolle Wartezeit.

2. Jedes Mal, wenn du oder dein Teammitarbeiter ein Dokument auf Dropbox öffnet und es ändert oder bearbeitet, dann wird immer die neueste Version angezeigt. Somit musst du dich nicht mehr fragen, welche Version die aktuellste ist, oder ob dein VA in Deutschland bereits mit der Arbeit begonnen hat. Das Datum und die Uhrzeit der letzten Aktualisierung werden angezeigt und man weiß genau, wer es aktualisiert hat und wann. Wenn dein Dokument an verschiedene Teammitglieder geschickt wird, dann denke ich, das dies wirklich der beste, professionellste und effektivste Weg zur Bewältigung solcher Arbeiten ist.

3. Wenn dein virtuelles Team auf der ganzen Welt verteilt ist, dann ist Dropbox eine großartige Möglichkeit, um die Produktivität rund um die Uhr zu gewährleisten. Wenn der New Yorker Texter seinen Teil getan hat und der Text z.B. im Nordosten Englands zum Korrekturlesen weiter soll, dann muss niemand warten, bis jemand anderes die Arbeit erledigt. Während einer schläft, arbeitet der andere! Was könnte sich ein Unternehmer noch für sein Geschäft wünschen ?!

4. Du benötigst nicht unbedingt einen Desktop-Computer oder einen Laptop, um auf Dropbox zuzugreifen, sondern du kannst es auch auf deinem Handy oder Tablet installieren und dort nutzen. Wenn du also mal eine unerwartete Stunde des Tages zwischen zwei Terminen nutzen oder dich über den Fortschritt eines Projekts erkundigen möchtest, kannst du dies ganz einfach tun, denn die Informationen werden zentral auf Dropbox gespeichert. Und egal, wo du dich auf der Welt befindest, du wirst nie den Kontakt mit deinem Unternehmen verlieren.

5. Auch die Geheimhaltung ist leicht zu kontrollieren. Nehmen wir mal an, dass du zuvor mit einem virtuellen Assistenten über Dropbox zusammengearbeitet hast, aber aus irgendeinem Grund, nutzt du seine Dienstleistungen nicht mehr. In diesem Fall entfernst du ihn einfach vom freigegebenen Ordner. Ganz unkompliziert. Mit Dropbox hast du die volle Kontrolle darüber, wer deine Geschäftsdokumente einsehen und/oder aktualisieren kann und wer nicht.

6. Dropbox funktioniert auch prima als Backup-System, so dass, wenn der unerwünschte Fall eintritt, du dir keine Sorgen um   wichtige Dokumente machen musst.

Google Calendar

Dies ist eine weitere großartige internetbasierte Anwendung, die es dir ermöglicht, deinen Kalender mit deinem virtuellen Team gemeinsam zu nutzen. Genau wie Dokumente in deinem freigegebenen Dropbox-Ordner kann deinem virtuellen Team Zugriff auf deinen Google-Kalender gewährt werden, so dass jeder im Team genau weiß, was im Unternehmen los ist. Es ist eine Möglichkeit, lästigen Doppelbuchungen vorzubeugen und jeder kennt deine beruflichen Verpflichtungen für diesen bestimmten Tag, Woche, Monat und Jahr.

Google Kalender bietet dir auch einige interessante Vorteile für dein Unternehmen.

Nehmen wir zum Beispiel an, dass du an einer nationalen Konferenz mit anderen Unternehmern teilnimmst. Die Reiseroute und Informationen des Events sind von den Organisatoren über Google Calendar zur Verfügung gestellt worden. Dank Googles Weitsicht bei der Erstellung des Online-Kalenders kannst du nach der Veranstaltung googlen und sobald du sie gefunden hast, klickst du einfach auf die Information - et voila! - die Details werden schon mit deinem Google Calendar synchronisiert. Einfacher geht es nicht mehr!

Google Docs

Wenn wir gerade bei Google sind, möchte ich dir auch etwas über Google Docs weitergeben. Auch dies ist eine tolle Möglichkeit, um gemeinsam mit deinen virtuellen Teams zu arbeiten. Dokumente und Tabellen können erstellt, bearbeitet, optimiert und über diese internetbasierte Anwendung online gespeichert werden. Es ermöglicht dir und deinem Team den Zugang zu diesen wichtigen Dokumenten und/oder Tabellen, um – wann auch immer erforderlich – daran zu arbeiten (unabhängig von dem Aufenthaltsort). Vor kuzem wurden Bedenken über die Privatsphäre dieses Arbeitens laut, darum ist es wirklich ratsam vor der Zusammenarbeit mit deinem Team auf diesem System etwas nachzuforschen. Jedoch weiß ich, dass, wenn es richtig eingesetzt wird, es von großem Vorteil für den Unternehmer sein kann.

Genau wie bei Dropbox kann jeder sehen, wann ein Mitarbeiter Änderungen an einem bestimmten Dokument vorgenommen hat und, genau wie bei Dropbox, ist es auch eine tolle Möglichkeit, Sicherheitskopien deiner Dokumente zu erstellen.

Nun möchte ich ein wenig meine Kenntnisse über Paypal, also die finanzielle Seite, mit dir teilen. Es ist ein sicheres und einfach zu bedienendes System für den Empfang und die Sendung von Zahlungen über das Internet. Es ist ideal für Unternehmer, die ein virtuelles Team beschäftigen, das auf der ganzen Welt verteilt ist, und es ist außerdem kostenlos einzurichten. Jeder, der eine E-Mail-Adresse hat, kann Zahlungen über Paypal tätigen und empfangen.

Sobald du dich angemeldet hast und deine Kredit- /Debit-/Bankverbindung zum System hinzugefügt hast, bist du startbereit. Alle künftigen Zahlungen, ob diese nun gesendet oder empfangen werden, können einfach durch die Anmeldung in dein Konto mit deiner E-Mail-Adresse und deinem Passwort erfolgen. Paypal berechnet eine Kommission für die erbrachte Leistung (die derzeit weniger als 5% ist). Doch meiner Meinung nach ist der Service dies allemal wert.

Du hast zusätzliche Sicherheit, weil deine Finanzdetails nie mit der Person geteilt werden, von der du etwas kaufst oder der du etwas verkaufst, und wenn es ein Problem gibt, dann bietet Paypal auch eine Schutzpolitik an.

Evernote (www.evernote.com/business)

Evernote ist eine Software, die für Notizen entworfen wurde und sie ist eine tolle Möglichkeit, um deine Gedanken und Ideen für bestimmte Projekte zu organisieren. Deine Notizen können in Form von getippten Texten, einer Internetseite, Bildern, Fotos, Sprachdateien oder sogar handschriftlichen Notizen erstellt werden. Sie lassen sich in Ordnern kategorisieren, kommentieren, etikettieren und in dein eigenes, maßgeschneidertes (und schönes) Notebook exportieren. Auch dies ist ein „Cloud-basiertes" Tool, ebenso wie Dropbox und Google Docs. Wenn du also als Unternehmer nicht immer am Schreibtisch sitzst, dann ist dies eine fabelhafte Möglichkeit, um jederzeit auf deine Notizen zuzugreifen.

Wenn du der Typ Mensch bist, der viele Post-its herumliegen hat, weil – während du mit einer Sache beschäftigt bist – dir eine tolle Idee für ein anderes Projekt einfällt, oder du dich daran erinnerst, dass dir jemand nicht auf eine Nachricht geantwortet hat, dann schafft Evernote Ordnung in deinem Durcheinander!

Außerdem kannst du deine Notizen mit Keywords etikettieren, die dir bei einer schnellen Suche helfen, um die Notizen relativ leicht wiederzufinden.

Es gibt auch eine kostenlose Option (die eine Nutzungsbeschränkung hat) und ein paar kostenpflichtige Optionen. Ich würde vorschlagen, dass wenn du Evernote ausgiebig nutzen und viel Sicherheit möchtest, dann solltest du dich für eine der kostenpflichtigen Optionen entscheiden, da diese den Schutz der SSL-Verschlüsselung anbieten.

Wie du siehst, gibt es viele Möglichkeiten, die dir bei der Zusammenarbeit mit deinem virtuellen Team helfen können. Für was du dich entscheidest, liegt ganz bei dir, aber es gibt eine ganze Reihe von Möglichkeiten, die dir dein Leben leichter machen. Außerdem werden neue Softwareprodukte ständig erstellt und auf den Markt geworfen.

Wenn du dir ein paar dieser cloudbasierten Systeme als integralen Bestandteil deines Unternehmens vorstellen kannst, dann rate ich dir, nachzuforschen. Wenn du dir nicht sicher bist, ob ein bestimmtes System oder Software-Paket für dein Unternehmen funktionieren wird, dann nutze die kostenlosen Testversionen, die einige dieser Unternehmen anbieten. So erhältst du eine bessere Grundlage zur Entscheidung, anstatt nur zu raten. Die Ergebnisse könnten dich überraschen!

Screen Capture Software für die Ausbildung deines VA

Manchmal ist es einfach nicht möglich, die eigene Meinung klar zu vermitteln, wenn man nicht von Angesicht zu Angesicht mit jemanden zusammenarbeitet. Man versucht es über viele verschiedene Arten, doch manchmal wird man einfach nicht verstanden.

Und je mehr du versuchst, es zu erklären, umso frustrierter wirst du.

Mir ist es schon passiert und darum weiß ich, wie ärgerlich es sein kann. Doch auch für deinen VA kann es eine Herausforderung darstellen. Und ihr beide verschwendet eure kostbare Zeit und Mühe, euch durch eine Schritt-für-Schritt-Anleitung zu arbeiten, die ehrlich gesagt, einfach nicht ausreicht.

Doch mach dir keine Sorgen. Denn es gibt Möglichkeiten, dies schnell und einfach zu meistern - mit Screen-Capture (Bildschirmaufnahmen).

Eines dieser Softwareprodukte ist Jing von TechSmith, mit dem du Videos, Animationen und Aufnahmen machen und diese im Internet teilen kannst. Dies ist eine großartige Ressource, wenn du Screenshots und/oder Screencasts mit deinem virtuellen Team teilen und als dauerhaftes Referenz-Tool teilen möchtest, wenn dein Team die Aufgabe in Zukunft öfters wiederholen sollte.

Dies bringt mehrere Vorteile mit sich:

- Es ist schneller, als den Prozess einer bestimmten Aufgabe in einer E-Mail zu erklären, und wenn es sich um eine technische Arbeit handelt, dann denke ich, das dies die schnellste und einfachste Möglichkeit ist, deine Erklärung mitzuteilen.

- Du nimmst ein Bild oder Screenshot von deinem PC auf, und fügst Textfelder, Pfeile, Beschriftungen ein oder du kannst einen bestimmten Teil markieren.

- Es ist auch einfach, einen Screencast hochzuladen. Es benötigt nur einen Klick von dir und du kannst auch Screencast-Links auf ein Clipboard kopieren, damit es schneller und einfacher mit deinem virtuellen Team geteilt werden kann.

- Man kann damit auch Aufzeichnungen vornehmen. Alles, was du tun musst, ist, den Bereich auf deinem PC festzulegen, der aufgenommen werden soll und schon geht´s los. Du kannst deine Maus verwenden, um z.B. verschiedene Schritte zu betonen und deine Schritt-für-Schritt-Anleitung zu dokumentieren, und Jing zeichnet alles auf. Dabei gibt es lediglich eine Fünf-Minuten-Frist, auf die du dich beschränken musst, darum solltest du dies bei einem längeren Projekt bedenken.

- Das Teilen ist einfach und du kannst deine Arbeit in die ganze Welt versenden. Wenn deine Aufnahme oder Bildschirmaufnahme fertig ist, dann kannst du sie einfach auf Screencast.com hochladen und über verschiedene Kanäle, wie z.B. Social-Media- Plattformen, teilen, sie an deine E-Mail-Kontakte versenden oder durch IM teilen.

- Außerdem bietet es Schritt-für-Schritt-Anleitungen für diejenigen von uns, die manchmal eine technische Unterstützung benötigen. Außerdem steht dir im Notfall auch ein professioneller technischer Support zur Verfügung.

Ich bin sicher, dass du mir dabei zustimmen wirst, dass Jing eine tolle Alternative zu mühsamen Erklärungen für verschiedene Menschen in deinem Unternehmen bietet. Es ist eine fabelhafte Möglichkeit, um Zeit, Stress und Anstrengung zu vermeiden, wenn man jeden Angestellten individuell ausbilden muss, vor allem, wenn du den Leuten generische Aufgaben deines Unternehmens beibringen musst.

Solange du dich gut vorbereitest, dauert es wirklich nicht lange, um dein Audio- und Videomaterial aufzuzeichnen und den Link mit deinem virtuellen Team zu teilen. Bald schon wirst du einen ganzen Katalog an Anleitungen in deinem Konto haben und du wirst ständig von den Vorteilen profitieren können.

Snagit

Ein weiteres Screen-Capture-Softwarepaket ist „Snagit", welches von denselben klugen Köpfen kreiert wurde und die gleichen Leistungen anbietet. Genau wie bei Jing kannst du das Programm vor dem Kauf mit einer kostenlosen Testversion ausprobieren. Es gibt einen technischen Support und die Möglichkeit, Teil der virtuellen Gemeinschaft zu werden.

Time-Tracking-Software (Software der Zeitaufzeichnung) für die Arbeit mit deinem virtuellen Team

In der Wirtschaft zählt jede Sekunde und darum sollte man klug vorgehen. Gelegentlich trifft man auf Menschen (virtuelle Angestellte wie auch Personal vor Ort), die deine Gutmütigkeit ausnutzen möchten. Diese könnten bei der Berichterstattung ihrer täglichen oder wöchentlichen Stunden ein wenig kreativ werden und wenn es für dich Grund zum Zweifel gibt, dann schlage ich vor, dass du jedes Mal eine Time-Tracking-Software verwendest.

Du solltest wirklich genau wissen, wie lange deine virtuellen Angestellten an einem bestimmten Projekt für dich arbeiten. Und es geht nicht nur um die Ehrlichkeit.

Hier findest du ein paar weitere Gründe, warum Time-Tracking sehr wertvoll für dein Unternehmen sein kann.

b. Es ermöglicht dir, herauszufinden, wie lange dein virtueller Angestellter gebraucht hat, um dein Projekt fertigzustellen. Dies wiederum hilft dir, herauszufinden, ob dies die finanziell rentabelste und/oder effizienteste Möglichkeit ist, um eine bestimmte Aufgabe zu erledigen.

c. Diese Informationen stellen auch wertvolle Daten dar, die deine zukünftigen Entscheidungen in Bezug auf dein Marketing, deine Planung, Budgetierung und Entwicklung beeinflussen.

d. Es bedeutet auch, dass deine Beziehung zu deinem virtuellen Angestellten richtig an den Start geht und du gibst ihm eindeutig den Wink, dass du „am Ball" bist.

e. Es beugt finanziellen Unstimmigkeiten oder Unklarheiten vor, wenn die abgesprochene Zeit zur automatisch generierten Rechnung hinzugefügt wird – und außerdem spart dies Verwaltungszeit.

f. Es ermöglicht dir, zu sehen, wie viel Zeit dein virtueller Angestellter auf einer täglichen, wöchentlichen, monatlichen und jährlichen Basis benötigt und diese Information kann dir bei der Personalplanung nützlich sein.

Und es scheint, als ob Unternehmer die Time-Tracking-Software mehr und mehr gebrauchen. Es gibt viele verschiedene Varianten und bei den meisten wird eine kostenlose Testversion angeboten, so dass du diese gratis vor dem Kauf probieren darfst.

Folgend findest du einen kurzen Überblick über einen Teil der Time-Tracking-Softwarepakete, die zur Zeit auf dem Markt erhältlich sind.

Paymo – www.paymo.biz

Du kannst Paymo auf deinem Handy, deinem Desktop-Computer oder direkt über das Internet nutzen. Es gibt eine kostenlose Option für Unternehmer, die gerade in das Geschäft einsteigen, und ein paar kostenpflichtige Pakete für eine monatliche Gebühr. Neben der Time-Tracking-Software werden auch eine Rechnungsbereitstellung und Projektmanagement-Tools angeboten.

Freckle – www.letsfreckle.com

Freckle bietet eine kostenlose 30-Tage-Testversion an und Pakete, die von der Größe deines Teams abhängen (klein, mittel und groß). Es ermöglicht dir, deine Pläne jederzeit zu stornieren oder abzuändern und es gibt keine „langfristigen Verträge".

Harvest – www.getharvest.com

Harvest bietet ein kostenloses monatliches Paket sowie ein „Solo",
„Basic" und „Business"-Paket zu unterschiedlichen Kosten an.
Jedes Paket wird auch mit einer kostenlosen 30-Tage-Testversion
angeboten. Wie bei den anderen kannst du diese Time-Tracking-
Software auf deinem Handy, deinem Desktop-Computer oder direkt
über das Internet nutzen. Darüber hinaus bietet Harvest eine
Integration von Rechnungen und es erfasst Daten, die dir als
Berichte für die künftige Planung und Entscheidungsfindung dienen
können.

Tickspot – www.tickspot.com

Tickspot bietet vier verschiedene Paketpreise an. Darum musst du
dich hier entscheiden, ob du 10, 30, 60 oder eine unbegrenzte
Anzahl von Projekten überwachen möchtest und du kannst
herausfinden, welche Option zu deinem Unternehmen und deinem
Budget am besten passt. Tickspot bietet eine verbindliche
kostenlose 30-Tage-Testversion, integrierte Rechnungsstellung und
auch Projektmanagement-Softwareoptionen an. Außerdem gibt es
eine Basecamp-Integration (ein Projektmanagement-Softwaretool).

Toggl – www.toggl.com

Toggle behauptet, eine „wahnsinnig einfache Time-Tracking-
Software" anzubieten und stützt seine Preise auf US$ 5 pro
Benutzer und pro Monat. Es bietet außerdem Rabatte für große
Teams, Non-Profit-Organisationen und Schulen an.

Senomix – www.senomix.com

Senomix bietet seine Time-Tracking-Software für mobile Geräte, Desktop-Computer und das Internet an. Es ermöglicht für dessen Benutzer den Gebrauch von wöchentlichen Arbeitszeittabellen, Stoppuhr-Aufzeichnungen, Überwachungskosten und erstellt informative Berichte. Es bietet auch 3 verschiedene Hosting-Pakete für „Freelancer", „Kleinunternehmen" und „Großunternehmen" zu unterschiedlichen Monatsraten an und die Möglichkeit, deine Software auf deinem eigenen Büronetzwerk zu installieren (für bis zu 500 Benutzer).

Rescue Time – www.rescuetime.com

Rescue Time bietet ein paar ziemlich beeindruckende Funktionen als Teil seines Time-Tracking-Paketes. Du kannst Alarme einstellen, so dass du die Meldung erhältst, wenn du z.B. eine bestimmte Anzahl von Stunden mit einer bestimmte Aufgabe verbracht hast. Es kann außerdem Ablenkungen blockieren, so dass soziale Medien für ein paar Stunden gesperrt werden können, um die Konzentration auf die aktuelle Aufgabe beizubehalten. Es gibt ein kostenloses „Lite"-Paket oder ein kostenpflichtiges „Premium"-Paket zur Auswahl, welches auch eine kostenlose 14-Tage-Testversion bietet.

Diese kurze Liste ist nur die Spitze des Eisbergs der Time-Tracking-Softwarepakete, die im Moment verfügbar sind. Ich will hier nicht zu viel ausschweifen, weil ich denke, dass du es selbst ausprobieren musst. Wenn dir diese acht Kurzübersichten nicht genügen, dann könntest du auch einen Blick auf die folgenden Internetseiten werfen:

http://www.timeiq.com

http://www.kronos.co.uk

http://slimtimer.com

http://www.getklok.com

http://www.manictime.com

https://www.rescuetime.com

http://projecthamster.wordpress.com

http://www.timetrackingsoftware.com

http://www.timedoctor.com

http://cashboardapp.com/

http://www.officetime.net

http://www.uattend.co.uk/How-It-Works

http://www.chrometa.com

http://www.iqms.com

http://www.bqe.com

http://www.unanet.com

http://www.geniusproject.com

http://www.myintervals.com

http://www.timesheetportal.com

http://www.mytimeforce.com/?cp1=capterra&cp2=overview

https://www.primaerp.com

http://www.tsheets.com

http://www.timeandfees.co.uk

http://www.clicktime.com

http://sourceforge.net

https://trackingtime.co

http://www.tempworks.com

http://www.actitime.com

http://www.easytimetracking.net

https://www.hourstracking.com

http://www.celmaro.com/minco

https://code.google.com/p/time-tracker-mac

https://www.desktime.com

http://stuntsoftware.com

http://dailytimeapp.com

http://www.freshbooks.com

http://www.silverwaresoftware.com

http://www.rallydev.com

http://www.epiforge.com/Grindstone

http://www.charlessoft.com

http://www.nchsoftware.com

Ich habe dir doch gesagt, dass es viele davon gibt!

Also viel Spaß bei deinen Nachforschungen!!

Projektmanagement-Software für die Arbeit mit deinem virtuellen Team

In diesem Kapitel werfen wir einen Blick auf die verschiedenen Arten der Projektmanagement-Software, die für die Arbeit mit deinem virtuellen Team verfügbar sind. Wie bei der Time-Tracking-Software beinhaltet diese Liste keineswegs alle Möglichkeiten, doch ich hoffe, dass sie dir einen kleinen Einblick in die verschiedenen Paketarten gibt, die im Moment auf dem Markt sind.

Nicht jeder ist geschickt in der Verwaltung von Projekten, aber dein virtuelles Team wird wahrscheinlich zu einem gewissen Grad irgendwann in eurer Geschäftsbeziehung individuell an deinem Projekt arbeiten. Diese verschiedenen Projektmanagement-Softwarepakete sind in der Lage, den Großteil der harten Arbeit für dich zu erledigen. Es vereinfacht dein Leben wie auch das deiner Angestellten. Informationen über den Fortschritt (oder den fehlenden Fortschritt) an deinem Projekt können mit einem Knopfdruck abgerufen werden und Termine oder Aufgaben können entsprechend angepasst werden. Es ist ideal, um diese Kommunikationsbarrieren in Schach zu halten, und stellt eine große Motivation für jedes individuelle „virtuelle" Mitglied dar, weil jeder sehen kann, dass sie eine aktive Rolle im Team haben und somit einen entscheidenden Beitrag zum Erfolg des gesamten Teams darstellen.

Fast jedes dieser Projektmanagement-Softwarepakete bietet eine kostenlose Testversion an. Darum kannst du deine eigene detaillierte Nachforschung durchführen, welches dieser Pakete deine Bedürfnisse am besten erfüllt. Außerdem sind sie alle ziemlich benutzerfreundlich. Die meisten können heruntergeladen und auf dem Handy, Laptop, Desktop-Computer und im Internet genutzt werden.

Die meisten dieser Projektmanagement-Softwarepakete beinhalten auch ein Gantt-Diagramm. Wenn du so wie ich nicht weißt, was ein Gantt-Diagramm genau ist, dann stell es dir einfach wie eine Art

Balkendiagramm vor. Henry Gantt entwickelte das Gantt-Diagramm im frühen 20. Jahrhundert und es wird verwendet, um den Fortschritt eines Projekts zu zeigen. Seit seiner Entwicklung vor nun mehr als 100 Jahren wurde das Gantt-Diagramm weiterentwickelt und kann nun ziemlich bemerkenswerte Daten anzeigen, die sich stark auf dein Geschäft auswirken können.

Diese Projektmanagement-Softwarepakete bieten meist hilfreiche Anleitungen. Darum ist es ideal, wenn du (oder dein Team) es einfacher findet, wenn etwas über eine Audio-/Video-Erklärung veranschaulicht wird. Für viele dieser Pakete findest du auch Anleitungsvideos auf YouTube.

Das Verwenden einer Projektmanagement-Software kann sich stark auf die Effizienz und Produktivität deines Teams auswirken, wenn sie richtig eingesetzt wird. Dabei muss man auch nicht in die roten Zahlen gehen, denn diese Projektmanagement-Softwarepakete bieten angemessene monatliche Raten für jeden Geldbeutel.

Mit Hilfe dieser Projektmanagement-Softwarepakete kann man kooperative Ziele mit Vor- und Nachteilen erreichen, von denen ich einige hier nennen möchte. Aber wenn du eine genauere Vorstellung darüber erlangen möchtest, wie diese Softwarepakete funktionieren, dann schau dir einfach den folgenden Link an. Auf der Internetseite wird ein Vergleich via Gegenüberstellung gemacht gemacht und dies könnte dir weiterhelfen.

Hier gebe ich dir einen kurzen Überblick über Pakete mit den besten Beurteilungen.

Basecamp Project Management Software

Basecamp ist ein internetbasiertes Projektmanagement-Tool und Basecamp zufolge, wurde es zum „Nummer 1 Projektmanagement-Tool weltweit" ernannt. Es ermöglicht dir das Speichern von Dateien, Aufgaben, Projekten, Diskussionen und Fristen, und ich denke, dass Basecamp das Paket ist, das die meisten virtuellen Angestellten kennen.

Du kannst es für laufende Projekte nutzen (wie zB. deine Buchhaltung oder Werbedaten) oder für Projekte mit einer festgelegten Frist (wie z.B. die Erstellung eines E-Books).

Eine tägliche Zusammenfassung per E-Mail wird dir jeden Tag zugeschickt, um dir zu helfen, den Überblick über deine Projekte, Aufgaben und Fortschritte zu behalten. Es ist ganz einfach, eine Projektliste hinzuzufügen und du kannst Diskussionen über bestimmte Projekte mit deinen virtuellen Teammitgliedern führen. Basecamp kann für Nachrichten und Rückmeldungen verwendet werden, wie auch für die Überwachung von Datei-Downloads.

Es bietet eine kostenlose 60-Tage-Testversion und vier verschiedene Pakete für deine speziellen Bedürfnisse und dein Budget. Außerdem gibt es ein Jahrespaket , welches eine unbegrenzte Anzahl von Projekten, 500 GB Speicherplatz und einen Prioritäts-Support bietet.

Clarizen Projektmanagement Software

Clarizen ist ein Online-Projektmanagementservice, der gegründet wurde, um „die Zusammenarbeit von Unternehmen jeder Größe neu zu definieren, um die *Arbeit zu bewältigen*".

Es beinhaltet eine Projektplanung, gemeinsame Planung, Aufgabenmanagement, Budget- und Problemüberwachung, Ressourcenmanagement, Projektportfolio-Management und die Integration von Salesforce. Es gibt auch persönliche Kalender, abrechenbare und nicht abrechenbare Arbeitsaufgaben, Projekte, die in Aufgaben unterteilt werden können, Vorlagen, Berichterstattung, prozentuale Fertigstellung und Teilen von Dokumenten. Clarizen scheint sehr gut angenommen zu werden und kommt ständig mit neuen Ideen, um die angebotenen Pakete zu verbessern und wettbewerbsfähig zu bleiben.

Genius Project Management Software

Genius Project „bietet eine höchstflexible und konfigurierbare Portfolio- und Projektmanagement-Software, die maßgeschneiderte Funktionssets für eine breite Palette von Projektteams und Projekttypen ermöglicht".

Es ist eine Kooperations-Projektmanagement-Software, die sich laut Genius an die „Geschäftsprozesse Ihres Unternehmens" anpasst.

Eine der Stärken ist, dass sie 500 Berichte erstellen kann, und es ist ein flexibles Softwarepaket, um die unterschiedlichen Bedürfnisse der einzelnen Unternehmen unterzubringen. Genius enthält auch Social-Media-Tools, einen Simulator, und es kann auch deine Portfolios, Dokumente, Kosten, Arbeitsabläufe, Budgets und Ressourcen verwalten. Es verfügt außerdem über Planungsinstrumente, soziale Zusammenarbeit im Team, erweiterte Berichterstattungsmöglichkeiten, Nachfragemanagement, Risiko- und Änderungsmanagement, Rechnungsstellung und benutzerfreundliche Arbeitszeitnachweise.

Jedoch steht zu diesem Zeitpunkt weder eine Android-App zur Verfügung, noch ein 24-Stunden Telefon-Support (dafür gibt es ein Helpdesk).

AtTask Project Management Software

AtTask glaubt, dass das „traditionelle Projektmanagement nicht ausreicht" und darum haben die Entwickler eine Projektmanagement-Software erstellt, die für „den gesamten Lebenszyklus der Arbeit" bestimmt ist.

Verschiedene Teams können dabei zusammenarbeiten und du kannst Projekte, Ressourcen, Portfolios und deine Zeit verwalten. Projektberichte sind konfigurierbar und die Sichtbarkeit von Projekten in Echtzeit ist ebenfalls möglich. AtTask hat ein Helpdesk und sorgt sich um alle Probleme und Helpdesk-Anfragen. Auch eine Kapazitätsplanung, Prozessverbesserung und Produktintegration werden angeboten, ebenso wie Arbeitszeitnachweise, Nutzung und Kosten.

Der grösste Pluspunkt ist das fortschrittliche Zusammenarbeits-Tool, das sich um alle Einzelheiten kümmert, die zum Erfolg oder Fehlschlag eines Projekts führen können. Als Ergebnis können Manager ihre Planung und Geschäftsentscheidungen viel genauer treffen, weil sie jedes Detail eines bestimmten Projektes einsehen können.

Die Schwäche der Software liegt an der Tatsache, dass es zu diesem Punkt keine Rechnungsstellungsfunktion gibt. Du kannst alternativ natürlich eine benutzerdefinierte Integration mit deinem eigenen Buchhaltungssystem erstellen, wenn du das technische Fachwissen und die notwendigen Ressourcen dafür hast.

Project Insight Project Management Software

Projekt Insight wirbt mit den Aussagen „Stark für Projektmanager" und „Einfach für jedermann".

Projekt Insight basiert komplett auf dem Internet, was bedeutet, dass du (als Projektleiter) und dein virtuelles Team von überall auf die Projektdaten zugreifen und diese aktualisieren könnt. Du kannst auch dein mobiles Gerät oder deinen Desktop-Computer hierfür verwenden.

Diese Projektmanagement-Software ist anpassbar. Sie bietet eine intelligente Terminplanung, detaillierte Berichterstattung und auch eine Outlook-Integration. Du wirst ausserdem in der Lage sein, Ressourcen, Berechtigungen und die Sicherheit zu verwalten.

Projekt Insight ist von Microsoft zertifiziert, bietet einen vollständigen mobilen Zugriff und beinhaltet eine kostenlose Ausbildung für dich und dein Team. Darüber hinaus bietet es CRM- und ERP-Lösungen und ist auch mit der Sage-Accounting-Software kompatibel.

Einer der Nachteile von Project Insight ist, dass deren Aktionären kein kostenloser Kontozugang gewährt wird. Es werden jedoch benutzerdefinierte Formulare angeboten, um spezifische Projektanforderungen zu verwalten.

Um mich nicht zu wiederholen (denn schließlich bieten viele dieser Projektmanagement-Softwarepakete die gleichen Leistungen), findest du hier eine Liste einiger weiterer Möglichkeiten, die du dir ansehen könntest. Wie bei der Time-Tracking-Software werden auch ständig Projektmanagement-Software-Innovationen kreiert. Darum solltest du gut nachforschen, um das Paket zu finden, welches sich am besten für dein Unternehmen eignet.

http://www.1stmanager.com

http://www.centraldesktop.com

http://www.projectpier.com

http://www.storm.com

http://www.deskaway.com

http://www.teambox.com

http://www.teamworkpm.com

http://www.unfuddle.com

http://www.openatrium.com

http://www.rockclimbr.com

http://www.intervals.com

http://www.goplan.com

http://www.fengoffice.com

http://www.activecollab.com

http://www.lighthouse.com

http://www.redmine.com

http://www.xplannerplus.com

http://www.agilefant.com

http://www.wrike.com

http://www.planigle.com

http://www.podio.com

Viel Glück bei deinen Nachforschungen!

Die Erfolgsgeschichte des Outsourcing: Michelle, Elias & Thomas

Michelle's Geschichte

Hallo, ich heiße Michelle Emerson und ich bekam von Thomas den Auftrag, dieses Buch zu schreiben.

Ich begann im Jahre 2006 als Freiberuflerin, ein Jahr nach der Geburt meiner Tochter (mein zweites Kind). Mit zwei Kindern unter dem Alter von 18 Monaten standen die Chancen schlecht, wieder in meine alte Arbeit zurückzugehen, darum wurde mir bewusst, dass ich eine Arbeit mit flexiblen Stunden finden musste. Da ich zuvor im Verlagswesen, in der Bildung und Privatwirtschaft tätig war, konnte ich als PA (Personal Assistant) und mit anderen Qualifikationen auf ein ziemlich breites Spektrum an Fähigkeiten zurückgreifen und ich war bemüht, dies auch auszunutzen.

Neben dem Eintritt in meine freiberufliche Karriere achtete ich auch darauf, mich andersweitig zu beschäftigen, denn schließlich musste ich mich auch um ein kleines Baby und ein Kleinkind kümmern. Darum beschloss ich einen Universitätsabschluss in Englischer Literatur in Angriff zu nehmen.

Meine erste freiberufliche Arbeit war es, Kritiken für einen Verleger in England zu schreiben. Dies erlaubte mir, flexibel zu arbeiten, etwas zu tun, dass mich begeisterte und dafür wurde ich auch noch gut bezahlt! Das ist immer ein Pluspunkt!

So vergingen ein paar Jahre, bis er etwas in seinem Geschäft veränderte und es keinen Bedarf mehr an Kritiken gab. Somit stand ich dann vor meiner ersten wahren Mauer. Zu dieser Zeit gewöhnte ich mich an die gute Entlohnung und ich genoss die Vorzüge der freiberuflichen Arbeit. Als meine Kinder dann schließlich in die Schule kamen, versiegten leider die Aufträge meiner selbstständigen Arbeit. Also entschied ich mich für die einfache Möglichkeit (!) und begann eine neue Arbeitsstelle als temporäre, medizinische Sekretärin bei der Krankenkasse.

Um eine lange Geschichte kurz zu machen: das war wirklich nicht das, was ich tun wollte, und als ich mein Studium in Englischer Literatur im Jahr 2011 mit Auszeichnung beendete, wusste ich, dass ich nicht länger als Sekretärin arbeiten wollte. Ich wollte mehr.

Schließlich fand ich den Mut, meinen temporären Krankenkassen-Vertrag zu beenden und wurde selbständig. Und seit Januar 2013 habe ich es nie bereut. Ich konnte bis zum heutigen Zeitpunkt einen beständigen Kundenstamm aufbauen und manchmal ist es ein bisschen wie Überschuss und Mangel, was die Arbeitsbelastung betrifft. Manchmal habe ich Tagträume über eine Rückkehr in die Welt der „echten" Arbeit, einfach um ein wenig aus meinem Arbeitsstress zu fliehen. Doch Hand aufs Herz, ich würde nichts ändern. Ich bin immer bereit für die nächste Herausforderung!

Während der ersten 11 Monate des Alleingangs habe ich einige wertvolle Lektionen gelernt (wie man es nunmal bei der Selbstständigkeit erfährt), aber am wichtigsten ist, dass ich mich von dem Sicherheitsnetz der PA-Arbeit trennte und mich mehr auf die Schriftsteller-Seite meiner Fähigkeiten wagte.

Die sozialen Medien wurden zu meiner wichtigsten Plattform für die Vermarktung und langsam, aber sicher, bekam ich Aufträge als Texterin. Ich schrieb Blogs, Newsletter, E-Books und sogar ein Kinderhilfsorganisations-Buch in Zusammenarbeit mit einer örtlichen Schule. Das selbstständige Leben wurde hektisch, aber toll.

Doch dann im Dezember und Januar von 2013/14 wurde ich ziemlich überrascht, da sich die Arbeit von wenig bis nahezu zu einem Stillstand kam. Damit meine Eier nicht nur in einem Korb aufbewahrt werden, wenn ich mich so ausdrücken darf, meldete ich mich auf People Per Hour an. So lernte ich Thomas kennen.

Ich hatte mich zwar bereits vorher auf dieser Plattform angemeldet, doch hatte ich mich nur auf die Transkriptionsarbeit konzentriert. Obwohl ich wusste, dass es gutes und ehrliches Geld war, gehörte es nicht wirklich zu meinen Leidenschaften. Ich wollte mich in Wirklichkeit auf meine Schreibfähigkeiten konzentrieren. Also tat ich das auch. Ich suchte in den verfügbaren Arbeitsplätzen und schliesslich kam ich zu Thomas: „Bitte um Unterstützung beim Schreiben eines E-Books". Wir tauschten uns über ein paar Themen aus und dann akzeptierte er zum Glück meinen Vorschlag. Und der Rest, so sagt man, ist Geschichte.

Ich habe Teile der Arbeit für Thomas erstellt und ihm zugesandt und in jeder Phase war er mit dem Aufbau des Buches glücklich. Und er wiederum versorgte mich mit Kapitelüberschriften und Ideen für den Inhalt und Meinungen zu meinem letzten Teil.

Der gesamte Prozess war eine angenehme und reibungslose Zusammenarbeit und wenn ich für mich sprechen darf, kann ich den Gebrauch einer Outsourcing-Serviceplattform von ganzem Herzen weiterempfehlen, einerseits, um deine Fähigkeiten zu präsentieren und andererseits, um die Bedürfnisse der vielen Tausenden von Unternehmern, die dort mit Projekten auf dich warten, zu erfüllen.

Outsourcing war für mich eine weitere hervorragende Möglichkeit, um neue potenzielle Kunden zu entdecken, einmalige und regelmäßige Arbeiten zu übernehmen und es hat alles den Vorteil eines Sicherheitsnetzes, da es über einen Mittelsmann läuft. Alle finanziellen Transaktionen und die gesamte Kommunikation wird über die PPH-Seite durchgeführt, und dies wirkt meiner Meinung nach sehr beruhigend auf den Kunden, sowie auch auf den Verkäufer.

Elisa´s Geschichte (www.fiverr.com/elisa303; https://gt.linkedin.com/pub/elisabeth-paregger/84/254/20b)

Hallo, mein Name ist Elisabeth Paregger. Ich bin Österreicherin und lebe seit nun fast 11 Jahren in Guatemala. Ähnlich wie Michelle suchte ich nach der Geburt meines zweiten Kindes nach einer Alternative, um Familie, Haus und Arbeit zu verbinden.

Nachdem ich es leider erfolglos mit dem Internetmarketing versuchte, bat ich einen erfolgreichen Internet-Unternehmer um Rat. Dieser empfahl mir, es auf Fiverr.com zu versuchen und dort meine Fähigkeiten als Übersetzerin für Deutsch, Englisch und Spanisch anzubieten.

Dies war im März 2012 und das ist nun über 3 Jahre her. Um mir erst einen guten Ruf aufzubauen, „verschenkte" ich fast meine Arbeit, doch mit der Zeit konnte ich den Preis auf ein annehmbares Niveau heben, ohne meinen Kundenstamm zu verlieren, und Dank der inzwischen ca. 550 positiven Bewertungen werde ich ständig auch von neuen Kunden angeheuert.

So fand mich auch Thomas, der dieses E-Book schrieb, und er beauftragte mich, es vom Englischen ins Deutsche zu übersetzen. Die Zusammenarbeit mit Thomas war professionell, unkompliziert und basierte auf Vertrauen. Kurz gesagt: ein schönes Arbeitserlebnis.

Die Arbeit als freiberufliche Übersetzerin gefällt mir sehr. So darf ich bei meinen Kindern sein, mir die Arbeitszeit völlig frei einteilen und offen gesagt lerne ich selbst ständig dazu, da viele Texte/Artikel/Bücher und Internetseiten wirklich hochinteressant sind und ich die Informationen sogar kostenlos bekomme.

Ich wünsche Thomas und Michelle weiterhin viel Erfolg!

Thomas` Geschichte:

Hallo, ich bin Thomas Schamberger. Ich hatte die Idee zu diesem Buch und fand Michelle auf peopleperhour.com, damit sie dieses E-Book für mich schrieb. Zu Beginn wollte ich dieses E-Book selbst schreiben, doch meine Schreibfähigkeiten auf Englisch sind nicht gerade die besten (ich lebe in Österreich und wir sprechen/schreiben normalerweise Deutsch).

Da das Thema des Buches Outsourcing war, dachte ich, dass ich so viel wie möglich von der Arbeit fremd beschaffen wollte, um den Leuten zu zeigen, was wirklich möglich ist, wenn man die Arbeit von anderen Leuten erledigen lässt.

An dieser Stelle möchte ich Michelle danken, die das E-Book meiner Träume über dieses Thema schrieb. Wenn du auch der Meinung bist, dass dieses E-Book wertvoll ist, würde ich mich freuen, von dir ein 5-Sterne-Feedback auf Amazon zu bekommen.

Im Allgemeinen würde ich mich über jede Beurteilung von dir freuen, so dass ich eure Bewertungen und Fragen in der nächsten Version dieses Buches aufnehmen kann.

Schreib mir deine Beurteilung/Rezession an   Dabei spielt es keine Rolle, ob sie positiv oder negativ ist, denn ich möchte gerne herausfinden, wie ich den Inhalt des E-Books verbessern könnte und dies ist nur mit deiner Meinung möglich.

Das war´s für heute!

Ich hoffe, dass Dir dieses Buch gefallen hat und dass es Dir einen besseren Einblick in die Höhen und Tiefen des Outsourcing geben konnte. Für mich ist es sicherlich die flexibelste, kosteneffizienteste, produktivste und vorteilhafteste Möglichkeit, mein Unternehmen beim Wachstum zu unterstützen. Wie bei allem gibt es auch beim Outsourcing Vor- und Nachteile. Doch als Unternehmer, der ein Serien-Outsourcer ist, weiß ich, dass die Vorteile bei weitem von den Nachteilen übertroffen werden.

Vielen Dank fürs Lesen und viel Spaß beim Outsourcing!

Thomas

Bonus:

Nachdem Du jetzt kein Anfänger bist erwartet Dich unter

www.derinterviewer.com/outsourcing-leitfaden-bonus

Dein ganz persönlicher Bonus

www.ingramcontent.com/pod-product-compliance
Lightning Source LLC
Chambersburg PA
CBHW070808180526
45168CB00002B/530